인공지능과 기술적 실업

인공지능총서

인공지능 시대입니다. 기계가 인간의 인지를 대신하고, 사물이 인간을 통하지 않고 다른 사물과 직접 커뮤니케이션합니다. 이에 따른 인간 삶과 문명 변화를 정확히 이해·예측·대응하는 것은 이 시대 우리 모두의 과제입니다. 인공지능총서는 인공지능 기술과 환경의 여러 주제를 10가지 키워드로 정리합니다. 관련 개념과 이론, 학계와 산업계의 쟁점, 우리 일상의 변화를 다룹니다. 인간과 기술의 현재, 미래를 세심히 분석합니다.

일러두기

- 인명, 작품명, 저서명, 개념어 등은 한글과 함께 괄호 안에 해당 국가의 원어를 병기했습니다.
- 외래어 표기는 현행 어문규정의 외래어표기법을 따랐습니다.

인공지능과 기술적 실업

김동환

대한민국, 서울, 커뮤니케이션북스, 2025

인공지능과 기술적 실업

지은이 김동환
펴낸이 박영률

초판 1쇄 펴낸날 2025년 3월 21일

커뮤니케이션북스(주)
출판 등록 2007년 8월 17일 제313-2007-000166호
02880 서울시 성북구 성북로 5-11
전화(02) 7474 001, 팩스(02) 736 5047
commbooks@commbooks.com
www.commbooks.com

ISBN 979-11-7307-401-1 03500

책값은 뒤표지에 표시되어 있습니다.

차례

인공지능과 기술적 실업을 두려워해야 하는가?

자동화 기술과 인간의 특이성

인간을 특이한 존재로 만드는 특징이 있다면 그것은 무엇일까? 수 세기 동안 진화생물학자, 과학자, 철학자들은 이 질문에 다양한 답변을 제시했다. 이 과정에서 인간을 다른 동물 종과 구별 짓는 특징에 대한 다양한 의견이 나왔다.

첫째 특징은 지각력(sentience)과 자기인식(self-awareness)이다. 지각력이란 즐거움, 고통, 두려움, 기쁨 등의 감정을 경험할 수 있는 능력이다. 자기인식이란 자신을 다른 사람이나 환경과 구별되는 존재로 인식하는 능력이다. 인간은 자기 생각과 행동을 반성할 수 있고 다양한 감정을 경험하는 두 가지 특성을 모두 지니고 있다. 하지만 개와 침팬지처럼 지능이 높은 동물 종을 보면 이 주장에 오류가 발견된다. 개는 꼬리를 흔들면서 행복을 표현하고, 징징거리거나 숨으면서 두려움이나 괴로움을 표현한다. 또한 거울을 이용한 실험에 따르면 침팬지는 자신을 인식할 수 있었다. 침팬지는 죽은 사람을 애도하고, 공감 능력을 보이며, 인간과 놀라울 정도로 유사한 사회적 행동도 보인다. 따라서 지각력과 자기인식이 인간의 고유한 특성이라고 주장하기는 어렵다.

둘째 특징은 복잡한 도구 사용이다. 인류의 역사는 조상들이 사용했던 초기 돌도끼부터 컴퓨터와 우주선 같은 현대 기술에 이르기까지 복잡한 도구의 사례로 가득하다. 인간은 다른 어떤 종과도 비교할 수 없는 수준의 복잡한 도구를 사용한다. 하지만 최근 연구에 따르면 일부 동물도 도구 사용에 매우 능숙하다는 사실이 밝혀졌다. 예를 들어 까마귀는 도구를 만들고 사용할 때 놀라운 인지 능력을 보여 준다. 실험에서 까마귀는 나뭇가지로 갈고리를 만들어 손이 닿기 어려운 곳에서 먹이를 낚아채는 것이 관찰되었다. 마찬가지로 침팬지는 막대기를 이용해 흰개미를 낚고 나뭇잎을 스펀지처럼 사용해 물을 모으는 모습이 관찰되었다. 이러한 발견은 복잡한 도구 사용이 인간만의 고유한 능력이라는 생각에 도전한다.

셋째 특징은 언어와 의사소통이다. 인간의 언어는 단순한 발성이나 제스처가 아니라 추상적 개념, 창의성, 스토리텔링을 표현할 수 있는 상징과 규칙으로 이루어진 체계다. 언어는 과거, 현재, 미래에 대한 복잡한 생각을 전달할 수 있게 해 주며 인류의 문화, 사회, 협력의 근간을 형성한다. 하지만 다른 동물들도 언어를 사용한다는 것이 발견되었다. 원숭이는 지상의 포식자와 하늘의 포식자 등 다양한 유형의 위험 존재를 다른 원숭이에게 알리기 위해 특정 발성을 사용한다. 이러한 발성은 인간의 언어만큼 복잡하지는 않지만 여전히 상징을 기반으로 한 의사소통의 한 형태다. 돌고래 역시 복잡한 발성 패턴을 사용하여 무리 내에서 의사소통한다. 따라서 인간의 언어 사용은 확실히 더 복잡하고 유연하지만 완전히 고유한 것은 아니다.

그렇다면 무엇이 우리 인간을 독특한 존재로 만들까? 동물학자 안톤 마르티뉴-트러스웰(Antone Martinho-Truswell)은 2018년에 발표한 짧은 에세이에서 흥미로운 해답을 제시한다. 그는 인간을 다른 동물과 차별화하는 것이 단순히 지능, 창의성, 언어가 아니라 '자동화'에 대한 능력이라고 주장한다. 자동화란 일단 작동을 시작하면 인간의 지속적인 감독 없이도 독립적으로 작동한다는 뜻이다. 인간은 단순히 작업을 도와주는 도구를 만든다는 의미에서가 아니라, 인간의 개입 없이 전체 작업을 수행할 수 있는 기계를 만든다는 의미에서 자신의 작업을 기계에 맡길 수 있는 유일한 생명체다. 인간이 만든 기계는 인간의 직접적인 개입을 최소화하거나 전혀 하지 않고도 자율적으로 작업을 계속 수행할 수 있다. 이처럼 인간이 도구를 사용하는 것은 동물이 도구를 사용하는 방식과 완전히 구별된다. 동물은 특정 작업을 수행하기 위해 도구를 사용할 수 있지만(가령, 까마귀가 막대기를 사용하여 먹이를 가져오는 것), 이러한 도구는 동물의 즉각적인 행동에 직접적으로 반응할 때만 작동한다. 작업이 완료되면 동물은 도구와의 상호 작용을 중단한다.

자동화는 컴퓨터나 로봇과 관련된 현대적 현상만은 아니다. 자동화는 수천 년 전으로 거슬러 올라가는 과정이다. 고대 역사에서도 인간은 사람이 거의 개입하지 않고도 작동할 수 있는 기술을 만들었다. 석궁과 투석기를 인류가 자동화를 향한 첫걸음을 내디딘 예로 들 수 있다. 이런 장치는 단순히 손으로 조작하는 도구라는 의미의 도구가 아니었다. 사람이 작동시킨 후 발사체를 발사하는 등의 복잡한 동작을 수행하도록 설계된 메커니즘이다. 석궁은 시위를 당겨 장전하면 메커니즘에 따라 사용자가 최소한의 노력으로 화살을 자동으로 발사할 수 있다. 마찬가지로 투석기는 장력이나 균형추에 잠재 에너지를 저장했다가 방출하여 발사체를 던지는 방식으로,

사람의 지속적인 노력이 아닌 기계적 원리를 통해 작동한다.

이러한 초기 자동화된 전쟁 도구의 예는 중요한 차이점을 반영한다. 인간은 자신의 힘을 증폭하기 위해 도구를 사용하는 것이 아니라 자신의 능력을 확장하는 역할을 하는 기계를 만들어 특정 작업의 신체적 · 인지적 짐을 기계 자체에 떠넘겼다.

마르티뉴-트러스웰의 이러한 생각은 현대의 놀라운 기술 발전으로 확장될 수 있다. 인간이 직조, 제조, 운송과 같은 노동 집약적인 공정을 자동화할 수 있는 기계를 개발한 산업 혁명을 생각해 보자. 이러한 기계는 인간 근육의 필요성을 감소시켰을 뿐만 아니라 인간이 달성하지 못하는 정밀성, 효율성 및 규모를 끌어내었다.

오늘날 자동화는 컴퓨터, 알고리즘, AI를 통해 새로운 차원에 도달했다. 이제 데이터 분석, 자동차 운전, 질병 진단 등 과거에는 사람의 인지 능력이 필요했던 작업도 기계가 수행한다. 자동화의 진화는 점점 더 복잡한 작업을 대신할 수 있도록 기계를 설계하는 인간의 고유한 특성의 직접적인 연장선에 있다.

마르티뉴-트러스웰의 주장은 인간 조건의 심오한 측면, 즉 일과 노동으로부터 우리를 해방시켜 줄 기계를 만들고자 하는 인간의 뿌리 깊은 욕망을 다루고 있다. 예를 들어 고대 그리스의 서사시인 호메로스(Homer)의 서사시에는 황금 로봇 하인과 기계 동물을 만들었다고 전해지는 대장장이의 신 헤파이스토스(Hephaestus)가 만든 오토마톤 같은 기계적인 존재가 묘사되어 있다. 마찬가지로 아리스토텔레스는 자동화 도구가 인간의 노동력을 완전히 없애고 사람들이 지적 · 예술적 추구에 집중할 수 있는 세상을 상상했다.

자동화에 대한 이러한 갈망은 지금까지 우리가 이룩한 단순한 기술 발전을 넘어서는 것이다. 이는 단순한 편의성 추구 이상의 의미를 지니며, 역사적으로 지속되어 온 문화적 · 철학적 열망을 반영한다. 자동화는 반복적이고 힘들거나 위험한 작업을 기계에 맡기고 인간이 더욱 뜻있고 창의적인 일에 집중할 수 있도록 해 준다는 인간의 오랜 꿈을 실현시켜 준다. 이러한 꿈은 공장이나 디지털 알고리즘에서 볼 수 있는 단순한 자동화에 국한되지 않고, 기계가 인간의 노동을 완전히 대신하여 사람들을 일상 업무의 수고로움에서 해방시킬 수 있다는 급진적인 비전도 포함한다.

디지털 시대가 시작된 이래 자동화와 일에 대한 논의는 기술 발전이 사회를 재편하기 시작하면서 더욱 치열

해졌고 새롭게 시급해졌다. 컴퓨터, 인터넷, 클라우드 컴퓨팅과 같은 정교한 정보 처리 기술의 부상은 직장을 변화시켰을 뿐만 아니라 일과 우리의 관계 자체를 변화시켰다. 이러한 기술은 관리 업무부터 복잡한 의사 결정에 이르기까지 과거에는 사람의 노력이 필요했던 업무를 자동화하고 있다.

멈추지 않는 기술의 발전

기술의 발전은 멈추지 않으며, 사실 멈출 수도 없다. 더 나아가 도구로서의 기술 발전은 현재만의 현상이 아니라 선사시대까지 거슬러 올라간다. 호모 에렉투스로 추정되는 우리의 먼 조상은 아슐리안(Acheulean) 주먹 도끼를 만들어 사용했다. 아슐리안 주먹 도끼는 약 100만 년 전 구석기 시대 초기 인류가 만들어 사용한 독특한 선사 시대 도구다. 이 주먹 도끼는 동물 도살, 식물 재료 가공, 목공에 사용되는 효과적인 다용도 절단 도구로서 '구석기판 맥가이버 칼'이라 할 정도였다. 날카로운 모서리는 썰고 베는 데 사용하고, 뾰족한 끝은 구멍을 뚫는 데 사용했다. 그리고 넓은 바닥은 잡고 두드리는 도구로 사용했다. 초기 인류는 이 주먹 도끼를 통해 이전에는 어렵거나 불가능했던 자르기, 긁기, 파기 등의 작업을 보다 효율적으로 할 수 있었다. 이러한 혁신 덕분에 인류는 새로운 방식으로 환경과 상호 작용할 수 있었고, 생존과 번영을 위한 능력을 향상할 수 있었다.

그 이후로, 인간은 바퀴에서 인터넷에 이르기까지 다양한 도구와 기술을 개발했다. 이러한 신기술은 인간이 환경과 상호 작용하는 방식을 변화시켜 일상생활, 업무, 커뮤니케이션 등에서 혁신을 일으켰다. 바쁜 번화가를 돌아다니기만 해도 그 증거를 확인할 수 있다. 사람들은 자동차를 타고 먼 곳으로 빠르게 이동하고, 스마트폰으로 필요한 정보를 수시로 검색하고 찾는다. 100만 년 전 우리 조상들이 주먹 도끼로 생존을 위해 자신들의 삶을 헤치며 살아갔듯이, 오늘날의 우리에게는 스마트폰이라는 기술이 그 역할을 이어받았다. 결국 아슐리안 주먹 도끼와 오늘날의 스마트폰은 같은 것이다. 순수하고 매개되지 않은 형태의 환경과 상호 작용하는 사람은 아무도 없다. 텔레비전에서 나오는 '자연인'조차 사실은 기술을 사용해 생존을 유지하고 있다. 우리는 모두 '기술 생태계'에서 숨 쉬며 사는 것이다.

기술 발전에 대한 우려의 목소리

현재까지 우리 인간이 달성한 기술 발전의 결정체라고

할 수 있는 챗GPT가 지금 이 사회에서 화두다. 이를 반기면서 그 활용 방법을 다양하게 이야기하는 사람들이 많다. 이들은 영어 학습, 코딩, 사업계획서 작성 등에서 챗GPT의 활용성에 대해 극찬을 아끼지 않는다. 하지만 불신을 하는 사람들도 흔하게 볼 수 있다. 후자의 사람들은 실제로 챗GPT에게 질문을 해 보고, 나온 답변을 분석해 보니 오류가 있다고 말한다. 어떤 경우에는 가짜 뉴스가 담겨 있다고까지 이야기한다. 그래서 자기는 챗GPT를 믿지 않는다는 결론을 내렸다고 확신에 찬 표정을 짓는다. 대학교수들은 학생들에게 과제를 내면, 학생들이 챗GPT를 활용해 과제를 제출한다고 걱정과 우려의 말을 한다.

기술 발전에 우려의 목소리를 내는 사람이 현대인만은 아니었다. 고대 그리스의 철학자 소크라테스는 플라톤의 대화편인 『파이드로스(The Phaedrus)』에서 문자의 발명을 애석하게 여긴다. 그는 사람들이 자기 생각을 종이에 적어 두는 데 너무 많은 시간을 쏟으면 기억력이 쇠약해지고 마음은 시들고 위축된다고 주장한다. 즉, 내면의 정신적 과정보다 외부의 기호인 문자에 의존하면 사람들이 기억을 덜 사용하게 되고, 외부 보조 수단인 문자를 신뢰하면 내부적으로 정보를 기억할 필요성이 줄어들 수 있다는 것이다.

지금의 우리가 보기에 소크라테스의 한탄은 지나친 것 같다. 정말로 문자가 발명되면서 우리는 많은 것을 잃었는가? 그렇지 않다. 실제로 우리는 문자를 통해 더 많은 것을 얻었다. 문자는 문화적 · 과학적 · 철학적 · 역사적 지식의 전달에 중요한 역할을 했으며, 문명이 그들 선대의 업적을 기반으로 할 수 있도록 했다. 또한 문자는 교육의 민주화에 중추적인 역할을 했다. 문자를 통해 지식이 선택받은 소수에 국한되지 않고 더욱 많은 사람들이 교육에 접근할 수 있게 되었다. 그리고 문자로 인해 거래를 문서화하고, 재고를 기록하며, 서면 계약을 만들 수 있는 능력이 향상되어 상업과 무역이 크게 촉진되었다. 이외에도 문자는 복잡한 사회 발달과 과학적 지식의 발전 및 기술 혁신에 큰 역할을 했으며, 우리가 복잡하고 정교한 사고를 할 수 있도록 했다. 소크라테스는 문자의 이러한 장점을 간과했던 것 같다.

윌리엄 리(William Lee, 1565~1610)의 이야기에도 기술 발전에 대한 우려가 담긴 사연이 있다. 윌리엄 리는 16세기 후반에 살았던 영국 성직자로서, 세계 최초로 뜨개질 기계를 발명했다. 이 기계를 사용하게 되면 뜨개질하는 사람들의 생계가 위협받는다는 이유로 엘리자베스

1세는 윌리엄 리의 뜨개질 기계에 특허를 내 주지 않았다. 엘리자베스 여왕에게 거절당한 윌리엄 리는 프랑스 왕(위그느 앙리 4세)이 기꺼이 특허를 내 줄 것임을 알고서 곧 프랑스로 건너갔다. 이 기계는 뜨개질 의류를 만드는 일을 부분적으로 자동화했고, 지금도 약간 변형된 형태로 여전히 사용되고 있다.

산업 혁명 시기인 1800년대 영국에서도 기술 발전에 우려를 표한 집단이 있었다. 이들은 기계 도입으로 일자리를 잃은 노동자 집단인 러다이트(Luddite)였다. 러다이트는 증기기관 하나가 1000명의 일자리를 빼앗아 간다고 주장하면서 공장의 기계를 부수는 등 폭동을 일으켰다. 그러나 그 이후 노동자의 일자리 수는 줄어들지 않았다. 새로운 성격의 일자리가 생겨났기 때문이다.

과학 기술의 발전과 실업

AI와 자동화 기술이 인간의 일자리를 차지할 가능성에 대해 많은 사람들은 걱정하고 심지어는 두려워하기까지 한다. 직업의 거의 절반인 47%가 자동화되거나 기술에 의해 대체될 위험에 처해 있다는 2017년 통계 자료도 있다. 가장 조심스럽게 예측하더라도 10%의 일자리가 자동화된다고 해도 여전히 경제 지형에 큰 변화가 일어날 것이다. 로봇이 일자리를 어느 정도 대체할지에 대한 논쟁도 있지만, 아마존(Amazon)의 성장과 전통적인 소매점의 쇠퇴가 자동화 기술이 인간의 일자리를 잃게 만든다는 분명한 증거다. 기술의 급속한 발전과 관련된 불확실성으로 인해 사람들의 이런 불안감은 커져만 간다. 중요한 것은 이러한 변화의 속도다. 이러한 변화가 점진적이라면 노동자는 새로운 경제에 적응할 기회를 얻게 된다. 하지만 변화가 빠르게 일어난다면 많은 노동자들이 다른 일자리를 구하는 데 필요한 기술을 갖추지 못한 채 일자리를 잃게 된다.

컴퓨팅 기술의 급속한 발전으로 인해 특정 업무가 중복되어 일자리가 영구적으로 사라지는 '기술적 실업(technological unemployment)'의 유령이 떠오르고 있다. 1965년 인텔의 공동 창립자인 고든 무어(Gordon Moore, 1929~2023)는 비용 대비 마이크로칩의 처리 능력이 매년 두 배가 된다고 예측한다. 그의 이러한 예측은 '무어의 법칙'으로 알려질 정도로 중요한 의미가 있다. MIT의 에릭 브리뇰프슨(Erik Brynjolfsson, 1962~)과 앤드루 맥아피(Andrew McAfee, 1967~)는 2014년에 출간한 『제2의 기계 시대(The Second Machine Age)』에서 무어가 예측한 기하급수적인 성장이 시간이 지남에 따라 검증되었다고 지적한다. 예를 들어 1996년 정부는 1테라플롭의 처리 속도를 달성한 최초의 슈퍼컴퓨터인 ASCII RED에 5500만 달러를 투자했고, 9년 후 소니 플레이스테이션은 대당 100달러의 비용으로 동일한 처리 속도를 달성했다. 이러한 처리 속도의 발전은 기술적 실업의 주요 원인인 AI 및 자동화 기술의 비약적인 발전을 가능하게 하는 원동력이다.

로봇 팔이 조립 라인에서 작동하는 공장에서부터 일상적인 사무 업무를 처리하는 사무용 소프트웨어에 이르기까지, 사람이 하던 일을 로봇이나 컴퓨터 프로그램이 대신하는 자동화의 과정은 수십 년 동안 진행되었다. 컴퓨팅 속도의 발전으로 자동화의 효율성과 효과가 향상되고 있다. 최신 스마트폰의 뛰어난 컴퓨팅 성능은 데이터베이스 및 모바일 소프트웨어와 결합하여 자동화된 소매업의 성장을 주도했다. 이는 다시 기존의 소매업체와 도매업체를 빠르게 앞지르면서 경제에 큰 변화를 가져왔다.

게다가 역사적으로 산업용 로봇과 같은 자동화 기술은 반복적이고 사전 프로그래밍이 가능한 작업에 주로 국한되었다. 단순해 보이지만 수많은 변형을 수반하는 작업은 전통적으로 컴퓨터의 능력을 넘어서는 것이었기 때문이다.

하지만 AI는 기존 자동화 기술의 손이 닿지 않았던 복잡한 자동화 작업을 해결할 수 있는 잠재력을 갖추고 있다. AI를 통해 컴퓨터는 대량의 데이터를 분석하고 인간의 학습과 유사한 반복적인 과정을 통해 학습함으로써 복잡한 작업을 수행할 수 있다. 처리 속도의 발전으로 컴퓨터는 작업을 빠르고 효율적으로 학습하고 실행하여 인간 지능의 측면을 모방할 수 있게 되었다. 예를 들어 AI는 다양한 가능한 움직임과 결과를 빠르게 분석하고 처리 능력을 활용하여 게임 플레이에서 인간 플레이어를 능가하는 탁월한 성능을 발휘한다. 프로 바둑 기사를 이긴 알파벳 사(Alphabet Inc.)에서 개발한 인공지능인 알파고(AlphaGo)와 〈제퍼디!(Jeopardy!)〉 챔피언 켄 제닝스(Ken Jennings)를 이긴 IBM 왓슨(IBM Watson)은 AI의 발전된 능력을 여실히 보여 준다.

사용 가능한 데이터의 양이 증가함에 따라 AI의 잠재적 응용 분야가 확장되고 있다. 컴퓨터는 데이터를 더 빠르게 분석할 수 있고, 더욱이 분석할 수 있는 데이터가 훨씬 더 많아졌다. 데이터 증가와 처리 속도의 시너지 효과로 인해 자동화는 경제에서 더욱 중요한 부분을 차지한다. 과거에는 너무 복잡하다고 여겨졌던 작업을 이제는 기계가 처리할 수 있게 된다.

2004년에만 해도 전문가들이 자동화할 수 없다고 생각했던 업무인 운전을 예로 들어 보자. 구글(Google)의 자율주행 자동차는 레이저 센서를 사용하여 초당 130만 개의 데이터를 실시간으로 수집하고 처리하여 탐색할 환경의 상세한 3D 모델을 만들 수 있다. 도로에 있는 많은 차량이 이 데이터를 수집하고 주변 차량과 공유함에 따라 이 용량은 더욱 향상될 것이다. 데이터 수집 및 처리의 발전으로 로봇은 주변 환경과 상호 작용하고 시행착오를 통해 작업을 학습하는 능력도 향상될 것이다. 이러한 기술 발전으로 인해 컴퓨터화된 프로세스는 인간의 의사 결정과 더욱 유사해져 '인공지능'이라는 용어를 사용할 수 있게 될 것이다. 무어의 법칙이 계속 유효하다면 AI와 자동화 기술은 이전에는 상상할 수 없었던 영역으로 계속 발전할 것이다.

기술적 실업의 필연성

AI와 자동화 기술은 점점 더 정교해지고 있으며 이전에는 사람이 수행하던 작업을 수행하게 될 것이다. AI와 자동화 기술의 발전은 인간의 노력뿐만 아니라 기술을 혁신하고 창조하려는 인간의 고유한 성향 때문이기도

하다. 인간은 삶을 더 편리하게 하고 생존을 지원하는 도구와 기술을 개발하려는 본능적인 성향을 지니고 태어난다.

기술적 실업은 기술이 인간의 노동력을 대체할 수 있을 정도로 발전하여 일자리가 사라지는 상황을 말한다. 로봇과 자동화 기술이 매우 효율적으로 되어 모든 업무를 로봇이 수행하게 되면 인간은 경제에 기여하는 일자리나 활동을 할 수 없게 되는 상황이 생긴다. 사실 이런 기술적 실업은 인간이 기술을 통해 편리함을 추구하려는 타고난 성향의 궁극적인 결과다. 기술적 실업을 막기 위한 수단으로 기술 발전을 막으려는 시도는 효과적이지 않다. 인간의 편리함을 위한 기술 발전과 도구 사용에 대한 욕구는 인간의 본성에 너무 깊숙이 뿌리박혀 있어 억제할 수 없는 것이다.

기술적 실업을 진정으로 막을 수 있는 유일한 방법은 인간의 본성, 특히 기술에 대한 성향을 바꾸는 것이다. 그러나 기술적 성향에 대한 인간의 본성을 근본적으로 바꾸는 것은 불가능하다. 따라서 기술적 실업은 인간의 기술 발전에 대한 욕망의 필연적인 결과이며 막을 수 없다는 결론이 나온다.

이 책은 기술적 실업이 도래하는 미래에 우리가 어떤

활동을 할 수 있을지 생각해 보는 것을 최종 목표로 한다. 먼저 독자들은 기술적 실업의 의미를 이해하고 첨단 기술의 잠재적 이점을 활용하면서 부정적인 영향을 완화하기 위한 사전 조치를 고민할 수 있다. 그런 다음 이 책은 독자들이 기술적 실업의 시대에 어떤 생활 방식을 채택하고 어떤 활동을 하면 좋을지 안내하면서 마무리된다.

참고문헌

김동환(2024). 『인지인문학을 향하여』. 역락.

김동환(2024). 『인공지능, 트랜스휴먼, 사이보그』. 커뮤니케이션북스.

Brynjolfsson, E. & McAfee, A.(2014). *The Second Machine Age: Work, Progress, and Prosperity in a Time of Brilliant Technologies.* W. W. Norton.

Martinho-Truswell, A.(2018.2.13), To Automate Is Human, AEON, https://aeon.co/essays/the-offloading-ape-the-human-is-the-beast-that-automates, accessed 1 October 2021.

Stettner, A (2018.4.26). Mounting a response to technological unemployment. https://tcf.org/content/report/mounting-response-technological-unemployment/

Véliz, C.(2024). *The Oxford Handbook of Digital Ethics.* Oxford University Press.

01
인류세와 로보세

인간의 활동이 지구에 큰 영향을 미치는 현재의 지질학적 시대인 인류세에서 로봇과 인공지능이 현재 인간이 수행하고 있는 다양한 작업을 수행하게 되는 로보세로 전환되면서, 인간의 역할이 중심이 되지 못하고 특정 영역에서 인간이 곁다리가 될 수 있는 상황으로 이어진다. 로보세로 전환되어도 인간은 여전히 기술을 설계하고 유지하는 데 필수적인 존재다. 하지만 그 역할은 현재 기계가 수행할 수 없는 활동에 더 집중하는 방향으로 변화될 것이다.

인류세

우리 인간이 지금보다 지구의 운명에 더 큰 역할을 했던 적은 없었다. 지금 지구의 인구는 대략 80억 명을 넘어섰다. 지구에 대한 인간의 영향력과 통제력은 전례가 없는 수준이다. 진화생물학자들은 인류의 진화 역사에서 인간을 기술적으로 가장 진보하고 복잡한 종으로 만든 요인으로 뇌의 크기와 그에 따른 인지 능력의 향상, 불을 통제하고 사용할 수 있는 능력, 고도의 사회 구조와 협력, 도구의 개발과 사용, 끈질긴 사냥 등을 꼽는다. 이제 인간은 현재 지구를 지배하며, 자원을 인간에게 유리하게 형성하고 탈취하기 위해 엄청난 기술력을 행사하고 있다.

인간 활동이 지구의 지질과 생태계에 미친 중대한 영향을 나타내는 지질학적 시대를 가리켜 인류세(人類世, Anthropocene)라고 부른다. 지질학자 파울 크뤼천(Paul Crutzen, 1933~2021)과 생태학자 유진 스토머(Eugene Stoermer, 1934~2012)가 2000년에 만든 이 용어는 약 1만1700년 전 마지막 빙하기가 끝난 이후 현재의 지질 시대인 홀로세(Holocene)를 잇는 새로운 시대로 지정할 만큼 인간의 영향력이 매우 심대했음을 시사한다. 인류세를 뜻하는 영어 단어 Anthropocene은 '인간'을 뜻하는 그리스어 'anthropos'와 '새로운 시대'를 뜻하는 'cene'을 결합한 용어다. 즉, 이 단어는 '인간의 영향에 의해 한정되는 새로운 시대'를 뜻한다.

인류세의 개념은 특히 18세기 후반에 시작된 산업 혁명 이후 인간의 활동이 지구의 생태계에 심오하고 광범위한 영향을 미쳐 지질학 기록에 뚜렷한 흔적을 남기고 있음을 암시한다. 이런 영향으로는 대기, 해양, 풍경, 생물다양성, 지구의 지질학에서 일어난 변화가 있다. 인류세의 주요 특징을 살펴보면 다음과 같다.

첫째는 기후 변화다. 에너지를 얻기 위해 석탄, 석유, 천연가스를 연소함으로써 상당한 양의 이산화탄소(CO_2)와 기타 온실가스가 대기 중으로 방출된다. 농업, 도시 개발 또는 벌목을 위해 나무를 제거하여 지구의 탄소 격리 능력이 감소하고 대기 중 온실가스 농도가 증가한다. 화학 물질 생산, 금속 제련, 전기 생산, 기계 작동 등의 산업 과정으로 인해 대기 중의 온실가스가 증가한다. 온실가스가 지구 대기에 열을 가두는 온실 효과가 강화되면서 지구 온난화 현상이 발생하고, 기후 패턴이 변화하는 기후 변화가 초래된다.

둘째는 대량 멸종이다. 인간의 활동으로 인해 생물 종이 급격히 감소하여 생물다양성이 심각하게 감소한다.

이런 인간 활동으로는 서식지 파괴, 오염, 과도한 사냥, 침입종 유입 등이 있다. 이로써 자연적인 멸종 속도와 비교해 생물 종의 멸종 속도가 빨라졌다. 멸종 속도가 빨라지면서 생물다양성이 줄어들고 있으며, 이는 생태계에 심각한 영향을 미친다.

셋째는 자연 경관의 변화다. 많은 사람들이 농촌에서 도심으로 이동하면서 도시가 성장한다. 도시에 건물, 도로 및 기타 인프라를 건설하면서 자연 경관은 인공 구조물로 대체되어 크게 변화한다. 농업의 발전으로 삼림 벌채, 습지 배수, 쟁기질과 관개를 통한 토지 개조를 포함하여 자연 경관이 농지로 바뀐다. 석탄, 금속 또는 기타 자원에 대한 채굴 작업은 노천 구덩이, 폐기물 더미, 지형 변화 등을 일으켜 자연 경관을 크게 변화시킨다.

넷째는 생물 지구화학적 순환의 변화다. 산업 공정, 농업, 화석 연료 연소, 폐기물 관리 등 환경과 자연 과정에 영향을 미치는 인간의 다양한 활동은 탄소, 질소, 인, 황 등의 필수 원소가 대기권, 수권, 암석권, 생물권을 순환하는 자연적인 경로와 과정을 방해하고 있다. 이는 생태계와 필수 영양소의 공급에 중대한 영향을 미친다. 그리고 영양소 순환의 불균형은 토양 비옥도, 식물 성장, 생태계의 전반적인 건강에 영향을 미칠 수 있다.

다섯째는 플라스틱 오염이다. 플라스틱은 내구성, 다용도성, 저렴한 비용으로 인해 수많은 생활 제품과 산업에서 사용되고 있다. 플라스틱은 내구성이 강하고 쉽게 분해되지 않기 때문에 폐기 시 환경에 축적된다. 이러한 폐기물은 바다, 강, 숲, 도시 지역 등 다양한 생태계에 영향을 미친다. 자연 서식지에 플라스틱이 존재하면 해당 환경의 물리적 · 화학적 특성이 변화하여 그곳에 사는 생물에 영향을 미친다. 플라스틱은 분해되면서 해로운 화학 물질을 환경으로 유출한다. 이러한 화학 물질은 토양과 물을 오염시켜 야생 동물과 인간의 건강에 위험을 초래한다.

여섯째는 방사성 원소다. 20세기 중반에 수많은 지상 핵 실험으로 상당한 양의 방사성 입자가 대기 중으로 방출되었다. 핵폭탄 실험 외에도 체르노빌, 후쿠시마 등의 원자력 발전소 사고, 방사성 폐기물의 부적절한 처리 등도 방사능 오염의 원인이 된다. 핵폭발 및 기타 방사성 원소 방출로 인한 낙진이 전 세계에 침전되어 지구의 퇴적물과 빙핵에 뚜렷한 층을 형성하여 인간이 지구에 미친 영향을 명확하게 보여 주는 지표가 되었다.

일곱째는 종의 세계적 이동이다. 인간의 활동으로 전 세계적으로 종의 이동이 용이하게 되었다. 해운, 항공 및 기타 형태의 운송은 의도치 않게 종을 운반한다. 농업, 원예, 해충 방제 또는 애완용으로 종을 도입하는 때도 있다. 한 지역에서 다른 지역으로 종의 이동으로 인해 서로 다른 종들이 새로운 환경에서 서로 접촉하면서 생태계의 구조와 기능이 바뀔 수 있다. 그리고 일부 도입된 종은 침입성이 되어 토착종과 경쟁하거나 먹이가 되거나 질병을 옮겨서 심각한 생태적 · 경제적 피해를 초래한다.

인간의 곁다리화

그런데 과학기술의 발전으로 이 지구에서 인간의 영향력이 위축되고 있다. 이제 인간은 이 사회에서 주인이 아니라 곁다리가 되어가고 있다. 이러한 곁다리화 경향은 앞으로 계속 증가하고, 인간은 설 자리를 잃게 되는 상황까지 내몰릴 것이다. AI와 자동화 기술로 인한 '인간의 곁다리화'는 인간이 더는 유용하지 않거나 사용되지 않는 과정이나 상태를 말한다. 즉, 자동화와 첨단 기술이 다양한 인간의 일자리를 개발하고 대체함에 따라 특정 기술, 직업, 나아가 인간 자체가 노동력과 사회 전반에서 무용지물이 되거나 불필요해질 우려가 있다는 것이다. 그렇다고 곁다리화가 죽음을 뜻하지는 않는다. 인류가 멸종의 문턱에 있다는 말은 아니다. 그냥 인간이 한물가기 직전이다. 조만간 우리 인간은 지금까지처럼 지구의 운명과 우리 종의 운명을 더는 통제하지 못할 것이다.

인간의 곁다리화는 자동화, AI, 로봇공학이 고용 시장과 경제에 미치는 영향을 둘러싼 더 넓은 논의와 밀접하게 관련되어 있다. 인간의 곁다리화와 관련된 몇 가지 중요한 현상과 측면이 있다.

첫째는 일자리 잃기다. 자동화 기술과 AI 기반 기술은 전통적으로 인간이 하던 일자리를 대체할 수 있다. 기계가 높은 효율성과 정확성으로 작업을 수행할 수 있게 됨에 따라, 반복적이고 규칙 기반의 일상 업무를 포함하는 일자리는 특히 자동화 기술에 취약하다. 특히 제조업, 데이터 입력, 고객 서비스 등에 종사하는 사람들은 지금의 직장에서 쫓겨날 수 있다.

둘째는 기술 변동이다. 자동화 기술로 특정한 직업이 감소할 수 있지만, 새로운 기술(skill)에 대한 수요가 생길 수도 있다. 과학 기술이 발전함에 따라 이러한 기술을 설계하고 프로그램하고 운영하고 유지할 수 있는 인력이 더 필요할 것이다. 프로그래밍, 데이터 분석, 사이버 보안, 그리고 AI 개발과 관련된 기술이 여기에 속한다.

셋째는 경제적 영향이다. 자동화 기술로 인한 일자리

감소는 상당한 경제적 영향을 미칠 수 있다. 이직한 노동자는 자신이 가진 기술이 신흥 고용 시장과 맞지 않으면 새로운 일자리를 찾는 데 어려움에 직면할 수 있다. 정부와 산업은 변화하는 직업 환경에 노동력을 준비시키기 위해 재숙련 및 고급 기술 프로그램에 투자함으로써 이러한 도전을 해결해야 한다. 또한 기술을 통제하는 사람들이 사회에 불균형적인 영향을 미치기 때문에 부의 불평등 문제가 제기된다.

넷째는 인간의 창의성과 감성 지능이다. 자동화 기술이 다양한 일을 효율적으로 처리할 수는 있지만, 인간이 지닌 창의성, 공감, 그리고 미묘한 의사 결정 능력이 결핍되어 있다. 따라서 감성 지능, 복잡한 문제 해결, 비판적 사고, 창의성을 요구하는 직업은 자동화 기술에 덜 취약할 수 있다. 이러한 특성은 예술, 정신 치료, 리더십, 혁신 등의 분야에서 발견된다.

다섯째는 윤리적 고려 사항이다. 인간의 곁다리화는 사회에서 기술의 역할에 관한 윤리적 질문을 제기한다. 인간의 생계와 행복을 희생하면서까지 효율성과 생산성을 우선시해야 하는가? 사실 기술 발전과 인간의 복지 사이에서 균형을 맞추는 것은 복잡한 일이다.

여섯째는 사회적 영향이다. 경제적 · 윤리적 차원 외

에 인간 곁다리화의 잠재적인 사회적 영향이 있다. 일은 수입을 제공할 뿐만 아니라 목적의식과 사회적 상호 작용을 제공한다. 일자리의 상실은 정신 건강, 사회적 불평등, 그리고 전반적인 사회적 웰빙과 관련된 문제로 이어질 수 있다.

일곱째는 잠재적 해결책이다. 인간의 곁다리화로 인한 어려움을 해결하기 위해 다양한 해결책이 제안되었다. 보편적 기본 소득(universal basic income), 평생 교육 프로그램, 새로운 산업에서 일자리 창출을 촉진하기 위한 정책 계획, 그리고 전통적인 주 노동 시간의 개편이 그러한 해결책이다.

로보세

아이러니하게도 우리 인간이 지구 전체를 지배할 수 있도록 했던 기술력이 이제는 우리를 한물가게 하는 인간의 곁다리화를 재촉하고 있다. 우리는 삶을 통제하고 상품을 생산하며 서비스를 공급하는 복잡한 기술적 · 사회적 시스템을 만들었다. 이러한 시스템 내에서 로봇, AI, 기타 스마트 머신을 점점 더 많이 사용하면서 우리와 관련된 일에 대한 의사 결정을 우리가 주체적으로 하는 것이 아니라, 이를 로봇과 AI에게 위탁하여 일을 자동화한다.

자동화의 추세는 점점 늘어나고 있다. 우리의 욕구와 필요를 예측하고 우리가 항상 바라는 모든 엔터테인먼트, 음식, 오락거리를 제공하기 위해 기계가 만들어지고 있다. 곧 우리 인간은 '하릴없이 앉아서 굿이나 보고 떡이나 먹는' 일 외에는 할 일이 없는 시대가 다가온다. 이는 우리가 인류세에서 로보세(robocene)로 이동하고 있다는 말이다.

로보세란 로봇과 AI가 지구의 환경과 생태계를 형성하는 데 지배적인 역할을 하는 가상의 미래 시대를 말한다. 로보세를 뜻하는 영어 단어 robocene은 '로봇'을 뜻하는 'robot'과 '새로운 시대'를 뜻하는 'cene'을 결합한 용어다. 이는 연구자들과 미래학자들이 첨단 로봇과 AI가 지구 생태계에 미칠 잠재적 영향과 인간과 로봇의 공존에 대한 함의를 탐구하기 위해 만든 용어다. 로보세의 개념은 AI와 로봇 시스템이 점점 더 발전하고 자율적이며 곳곳에 있게 됨에 따라 필연적으로 자연 환경과 상당한 방식으로 상호 작용하고 영향을 미칠 것이라는 전제를 바탕으로 한다.

로보세의 몇 가지 특징을 살펴보면 다음과 같다.

첫째는 자동화의 증가다. 로봇과 AI가 산업에 널리 도입되면서 제조와 물류부터 서비스 및 관리에 이르기까지 많은 업무가 자동화된다. 스마트 도시에는 자율주행 자동차, 드론 배송 시스템, 지능형 교통 관리와 같은 자동화된 인프라가 갖춰질 것이다.

둘째는 인력 변화다. 일부 일자리가 자동화로 인해 로봇으로 대체되지만, 로봇 및 AI 시스템의 개발, 유지 보수, 감독에 중점을 둔 새로운 산업과 직업이 등장하는 등 노동 시장에 큰 변화가 일어난다. 이와 더불어 인력의 재교육과 숙련도 향상에 대한 필요성이 커질 것이다.

셋째는 일상생활에서 기술 통합이다. 스마트 기기, 홈오토메이션, 스마트 도시 인프라를 통해 로봇과 AI가 일상생활에 통합되어 편의성과 효율성이 향상되고, 인간은 더욱 의미 있는 활동에 집중할 수 있다.

넷째는 의료 서비스의 발전이다. 로보틱스와 AI는 로봇 수술부터 AI 기반 진단 및 개인 맞춤형 의료에 이르기까지 의료 발전에 기여한다.

인류세에서 로보세로의 이러한 전환은 심각하게 우울하고 두려운 예측으로 들린다. 하지만 기술 발전으로 인한 인간의 곁다리화가 절망의 원인이 아니라, 어쩌면 우리 인간에게 좋은 것일 수 있다. 즉, 우리의 곁다리화를 재촉하는 기술을 올바르게 이용한다면 새로운 유토피아의 가능성이 열리고, 인간의 윤택함을 높일 수도 있을 것이다.

참고문헌

Danaher, J.(2019). *Automation and Utopia : Human Flourishing in a World without Work*. Harvard University Press.

Susskind, D.(2020), *A World without Work*. Penguin.

02
기술적 실업의 사례 I

자동화 기술, 로봇공학, 인공지능 등의 기술 발전이 다양한 업무와 산업에서 인간의 노동력을 대체할 때 기술적 실업이 발생한다. 기술은 새로운 일자리와 산업을 창출할 수도 있지만, 기존 일자리를 쓸모없게 만들어 사람들을 실업으로 이끌기도 한다. 여기서는 농업, 제조업, 서비스직, 금융업에서 일어나는 기술적 실업의 사례를 살펴본다.

농업에서 기술적 실업

기원전 10,000년경 수렵 채집에서 농업과 가축 사육으로 전환하면서 일어난 농업 혁명은 인류가 한곳에 정착하고 공동체를 형성하며 복잡한 사회를 발전시킬 수 있었던 중요한 분기점을 만들었다. 농업 혁명은 도시 성장, 잉여 식량 창출, 무역의 부상과 노동의 전문화를 위한 토대를 마련했다. 전 세계 인구가 지속적으로 증가함에 따라 농업은 모두를 먹여 살릴 수 있는 충분한 식량을 확보하는 데 여전히 중요한 역할을 하고 있다. 농업의 초기 성공은 인간과 동물이 제공하는 수작업에 크게 의존했다. 인간은 땅을 개간하고 씨앗을 심고 농작물을 수확했으며, 동물은 밭을 갈고 물건을 운반하는 데 사용되었다. 최근까지 서구 세계의 많은 경제는 본래 농업이며, 인구 대다수는 밭을 일구고 농작물을 수확하며 가축을 돌보는 일에 종사한다.

그런데 이 모든 것이 19세기 초에 조금씩 변하기 시작했다. 경제학자 막스 로저(Max Roser, 1983~)는 1800년에 서유럽 인구의 상당 부분(30~70%)이 농업에 종사했음을 보여 주는 역사적 데이터를 제공한다. 2012년까지 서유럽 국가에서 농업에 종사하는 인구의 비율은 5% 미만으로 급격히 감소했다. 이는 지난 2세기 동안의 경제 및 직업적 변화를 반영한다. 어떤 국가는 다른 국가보다 더 빠르고 뚜렷한 변화를 경험했다. 예를 들어 미국에서는 1900년까지만 해도 인구의 약 40%가 농업에 종사했다. 2000년이 되자 그 수치는 2%로 급격히 감소했다. 농업 인력의 급격한 감소에도 불구하고 전반적인 생산성은 저하되지 않았다. 오히려 지난 2세기 동안 농업 생산성은 크게 향상되었다. 또한 사회적 부의 증가와 농업에 종사하는 인구의 비율 감소 사이에는 일관된 관계가 있는 것으로 보인다. 이는 국가가 부유해짐에 따라 기술과 효율성의 발전으로 인해 농업에 종사할 필요가 줄어든다는 것을 의미한다.

농업 일자리는 감소하는데 농업 생산성이 향상되는 이 특이한 현상은 무엇 때문일까? 기술의 발전과 기계 노동의 도입이 주요 원인이다. 기술의 발전으로 많은 수의 인간과 동물 노동자의 필요성이 동일한 작업을 더 효율적으로 수행할 수 있는 몇 대의 강력한 기계로 대체되었다. 농업 기계는 수확, 심기, 경작과 같은 농업 활동의 효율성과 속도를 크게 향상해서 인간과 동물의 노동력을 능가하는 능력을 발휘했다. 기계는 농작물 생산 외에도 착유, 사료 공급, 도축 등의 작업을 자동화하여 가축 관리에도 혁신을 가져왔다.

기계가 하기에 힘든 분야로 알려진 과일 따기 역시 자동화 기술에 굴복하는 추세다. 과일 재배 농가들이 자동화를 열망하고, 어번던트 로보틱스(Abundant Robotics)와 FF로보틱스(FFRobotics) 등의 업체들이 앞다퉈 과일 따기 기계화에 나서고 있다. 어번던트 로보틱스의 로봇은 기술 발전의 놀라운 융합으로 가능해졌다. 여기에는 로봇의 시각적 처리, 패턴 인식, 물리적 민첩성의 향상, 사과나무의 유전자 조작, 과수원의 물리적 디자인 변화 등이 포함된다.

역사적으로 농업은 인간이 자연에 대한 통제력과 지배력을 과시하는 분야였다. 하지만 이제는 농업에서 기계의 힘이 세지고 있다. 이처럼 농업에서 인간의 노동력과 개입이 점차 필요 없어지는 과정인 인간의 곁다리화가 꾸준하게 진행되고 있다.

제조업에서 기술적 실업

1750년경부터 농업을 주축으로 하던 경제가 산업 경제로 대체되기 시작했다. 석탄과 석유 등의 화석 연료를 활용하여 에너지를 생산하는 주요 기술 발전은 산업 혁명의 원동력이 되었다. 이러한 혁신으로 산업 생산과 효율성이 크게 향상되었다. 산업 혁명은 영국에서 시작되어 다른 서구 국가로 확산되었다. 이 시기에는 산업 일자리를 찾아 농촌에서 도시로 대규모로 이주한 노동자들이 있었다.

산업 혁명은 인간의 놀라운 창의력과 자연 자원을 통제하고 강력한 기술로 전환하는 능력이 특징으로 꼽힌다. 증기 기관과 기계식 직기 등의 기술 혁신은 생산 공정에 혁명을 일으켜 경제적 생산성을 크게 향상했다. 이러한 기술 발전으로 인해 사람들은 전통적인 농업 노동에서 공장의 새로운 산업 일자리로 이동해야 했다.

그러나 산업 혁명은 인간의 곁다리화를 전제로 했다. 산업 혁명은 이전에 사람이 하던 일을 기계가 대신하는 자동화 기술의 첫째 물결을 가져왔다. 기계는 숙련된 인간 노동자를 대체하면서 지칠 줄 모르고 때로는 인간의 능력을 능가하는 효율성으로 작동했다. 시간이 지나면서 제조 공정의 자동화는 표준 관행이 되었고 더 많은 생산 영역으로 확대되었다. 현대 공장의 조립 라인은 자동화 개념의 전형으로, 사람의 개입을 최소화하면서 매우 효율적이고 체계적으로 제품을 생산하는 방법을 보여준다.

서비스직에서 기술적 실업

서비스직이라는 용어는 정확하고 보편적으로 합의된 정의가 없으며, 광범위하고 다양한 유형의 업무와 산업을 포괄한다. 서비스직에는 신체적 기술과 손재주가 필요한 직업이 포함된다. 이러한 직업의 예로는 정밀한 커트와 스타일링이 필요한 미용, 재료와 요리 기술을 신중하고 숙련되게 다루어야 하는 음식 준비 등이 있다. 이 분야에는 감성 지능과 관계 관리 능력이 필요한 직업도 포함된다. 고객 지원은 고객의 요구와 감정을 이해하고 이에 대응하는 업무며, 고객 관계 관리는 고객과의 긍정적인 상호 작용과 만족도를 유지하는 데 중점을 둔다. 이러한 일자리는 자동화와 AI로 대체될 가능성이 적으므로 지속적인 인간 고용이 보장된다.

하지만 서비스 부문 역시 그 잠재력에도 불구하고 상당한 도전에 직면해 있으며 자동화와 기술 발전으로 인해 부정적인 영향을 받고 있다. 이러한 현상은 일상생활에서 쉽게 관찰된다. 일반적인 예로 슈퍼마켓에서 셀프서비스 계산대를 이용하면 기존에는 매장 직원이 수행하던 물품 스캔, 포장, 결제 등의 작업을 고객이 직접 수행한다. 이러한 셀프서비스 키오스크는 이제 보편화되어 있으며, 직원의 필요성을 줄이는 것(노동자 대체)과

직원이 하던 일을 고객이 하도록 하는 것(고객 착취)이 혼합되어 있다. 그리고 소매업의 완전 자동화가 임박했다. 온라인 쇼핑은 이미 고객 선호도에 맞는 제품 매칭과 주문 처리 등의 과정을 자동화함으로써 소매업에 큰 변화를 일으켰다. 온라인 소매업의 선두 주자인 아마존(Amazon)은 컴퓨터 비전과 센서 등의 첨단 기술을 사용하여 고객이 가져가는 품목을 자동으로 감지하고 기존의 계산 과정 없이 앱을 통해 요금을 청구하는 식료품점을 개발했다. 미래의 매장에서 인간은 고객 또는 최소한의 직원으로만 존재하고 자동화 시스템에 의해 자세히 모니터링되므로, 만연한 기술의 존재에 비해 사람은 거의 보이지 않는 듯한 인상을 준다.

육체적 기술과 손재주가 필요한 업무에서도 인간 노동자가 기계로 대체되고 있다. 최근 들어 음식 조리를 위해 특별히 설계된 로봇 기술이 크게 발전했다. 샌프란시스코의 스타트업 기업인 모멘텀 로보틱스(Momentum Robotics)는 패스트푸드 준비용 로봇을 개발하는 데 주력하고 있다. 이 회사에서 제작한 한 로봇은 시간당 400개의 햄버거를 조리할 수 있어 높은 효율성과 생산성을 보여 준다. 수많은 술집과 패스트푸드점이 서비스를 간소화하고 인력 의존도를 낮추기 위해 자동화를 도입하고 있다. 이 직종에서 자동화가 제공하는 분명한 이점 때문에 기업들이 자동화를 도입하지 않을 이유가 없다.

금융업에서 기술적 실업

금융권에 대한 대중의 인식은 사람이 주체가 되어 인간의 활동이 지배하는 분야로 묘사된다. 사람들은 금융업에 대해 생각할 때 증권업자들이 큰 소리로 매수와 매도 주문을 외치는 증권 거래소의 분주한 환경을 떠올린다. 금융 부문은 많은 인력, 특히 높은 수준의 재능과 교육을 갖춘 인력을 끌어들이는 곳이기도 하다. 미국의 아이비리그나 영국의 옥스브리지 같은 명문 대학교 출신의 인재들이 다른 분야를 외면한 채 뉴욕의 월스트리트와 런던시티 같은 금융의 중심지를 선택한다.

그러나 지금의 금융업은 현재 순전히 인간의 활동보다는 기술과 자동화에 크게 의존하고 있다. 과거의 활기차고 붐비던 증권 거래소는 이제 대부분 비어 있다. 금융 거래와 트레이딩 활동은 이제 컴퓨터 네트워크와 데이터 인프라를 통해 작동하는 정교한 알고리즘과 AI 도구를 사용하여 주로 전자적으로 수행된다. 트레이딩 알고리즘과 AI 시스템은 시장 데이터를 분석하고 그 분석에 따라 자동으로 거래를 체결한다. 인간 트레이더와 금융 전문가가 여전히 감독과 전략적 결정을 내리는 역할을 하지만, 기계가 더 많은 작업을 처리함에 따라 트레이딩에 직접 관여하는 비중은 줄어들고 있다. 미국 주식 시장에서 거래의 절반 이상이 자동화된 시스템 또는 알고리즘에 의해 실행되는 것으로 널리 알려져 있다.

금융 자동화가 초기 단계에 있지만 계속 확대될 것으로 보이는 충분한 이유가 있다. 실제로 금융 거래는 자동화가 필수적이다. 금융 시장은 자동화에 매우 적합하므로 기계가 작동하기에 이상적인 환경이다. 금융의 근본적인 측면은 여러 시장에서 유사한 자산에 가격 차이가 존재하는 차익 거래 기회를 파악하고 이를 활용하는 것이다. 차익 거래 기회는 수학적으로 가장 잘 설명되는 경우가 많으므로 이를 빠르게 인식하고 계산하는 데 어려움을 겪는 사람보다 기계가 더 쉽게 식별할 수 있다. 따라서 기계의 도움이 필요하다. 금융 시장은 대량의 데이터를 매우 빠르게 생성하기 때문에 이 정보를 효율적으로 처리하고 분석하기 위해 알고리즘을 사용해야 한다. 빠르게 변화하는 시장의 특성상 정보에 대한 빠른 반응이 매우 중요하다. 따라서 기계가 더 신속하게 대응할 수 있으므로 의사 결정에 인간의 개입을 최소화하려는 강력한 동기가 생긴다.

참고문헌

Danaher, J.(2019). *Automation and Utopia: Human Flourishing in a World without Work*. Harvard University Press.

Roser, M.(2017). Agricultural employment. *OurWorldInData.org*. https://ourworldindata.org/agricultural- employment/

Susskind, D.(2020), *A World without Work*. Penguin.

03
기술적 실업의 사례 II

자동화 기술, 로봇공학, 인공지능 등의 기술 발전이 다양한 업무와 산업에서 인간의 노동력을 대체할 때 기술적 실업이 발생한다. 기술은 새로운 일자리와 산업을 창출할 수도 있지만, 기존 일자리를 쓸모없게 만들어 사람들을 실업으로 이끌기도 한다. 여기서는 전문직, 정부 조직, 과학계에서 일어나는 기술적 실업의 사례를 살펴본다.

전문직에서 기술적 실업

많은 사회에서 특정 자격과 전문성을 갖춘 사람은 자신의 전문 지식을 공유하는 대가로 높은 수수료를 받는다. 이러한 고도의 자격을 갖춘 사람을 전문가라고 부른다. 의사와 변호사가 대표적인 전문가다. 의사와 변호사의 핵심 업무는 고객과 환자를 만나 상황을 평가하고 전문 지식을 활용하여 문제를 해결하는 것이다. 의사와 변호사가 사회에서 매우 존경받고 높은 보상을 받는 전문가였지만, 이런 현상이 얼마나 오래갈까?

의사의 미래를 생각해 보자. 의사의 일은 진단, 치료, 돌봄이라는 세 가지 업무로 나뉜다. 의료 전문가는 이러한 일을 수행하도록 돕는 기술을 받아들였고, 기술이 전문적인 수행을 보완하고 향상한다고 믿었다. 그런데 최근 들어서는 대세가 바뀌기 시작했다. 기계는 이제 단순히 인간 동료를 보완하는 것이 아니라 인간 의료진을 대체하기 위해 설계되며 제작되고 있다.

의료 진단의 자동화는 기술이 전문 분야를 어떻게 변화시키고 있는지를 보여 주는 대표적인 예다. 머신러닝 분야의 전문가들은 인간 진단 전문가의 전망이 밝지 않다고 본다. 향후 10년 이내에 AI가 영상의학과 전문의 등 진단 전문가의 역할을 대신한다는 것이다. 구글X의

설립자인 서배스천 스런(Sebastian Thrun, 1967~)도 인간 진단자가 AI에 의해 대체될 수밖에 없다고 생각한다. 하지만 그의 미래 전망은 희망적이면서도 암울하다. 즉, 그는 머신러닝 알고리즘이 우리의 건강을 지속적으로 모니터링하여 암과 같은 질병을 인간 의사보다 더 빠르고 정확하게 식별하는 원형 감시탑(panopticon, 지속적인 감시를 위해 설계된 구조)과 유사한 미래 의료 시스템을 상상하고 있다. 이렇게 되면 인간 진단 의사가 들어갈 자리가 거의 없게 된다.

치료 분야도 마찬가지다. 외과 의사는 이미 로봇 시스템을 사용하여 수술을 집도하고 있으며, 일반적으로 정교한 제어판을 통해 로봇을 조작한다. 그러나 기술의 발전으로 인해 곧 인간 외과 의사가 로봇을 직접 제어할 필요가 없어질 수도 있다. 최근 실험에 따르면, 로봇 외과 의사가 특정 수술 작업에서 인간 외과 의사보다 더 나은 성과를 내는 것으로 나타났다. 이러한 기술은 아직 초기 단계지만, 인간 외과 의사가 수술을 직접 집도하지 않고 주로 감독하는 역할만 하는 날이 머지않았다.

돌봄 분야는 어떨까? 돌봄의 임무를 효과적으로 수행하기 위해 간병인은 정서적 깊이와 환자와 공감할 수 있는 능력을 갖춰야 한다. 그런데 기계는 확실히 이런 능력을 갖추지 못하므로 돌봄은 자동화 기술에 저항하는 것 같다. 그런데 전 세계 인구가 고령화됨에 따라 노인 돌봄에 대한 수요는 증가 추세지만, 이를 제공할 수 있는 젊은 층의 수는 점점 줄어들고 있다. 증가하는 노인 돌봄 수요를 해결하기 위해 케어봇(로봇 간병인)을 개발하려는 상당한 노력과 투자가 이루어지고 있다. 일본에서는 케어봇이 널리 사용되고 있고, 일부 사람들은 인간 간병인보다 케어봇을 더 선호하기도 한다. 유럽에서도 특히 치매와 초기 알츠하이머 환자를 돌보는 데 이러한 로봇을 테스트하고 있다. 결국 의학계의 미래는 인간이 큰 역할을 할 것 같지 않다.

법조계도 의학계와 비슷한 상황이다. 많은 나라에서 법률 전문가들은 자신의 분야에서 변화와 새로운 발전에 적극적으로 저항하는 배타적인 집단에 속해 있다. 영국에서 변호사들은 구식 업무 처리 방식, 전통적인 복장 규정, 격식 있는 식사 관습을 고수하는 경향이 있다. 많은 변호사가 일하는 런던의 챈서리 레인(Chancery Lane)이나 플리트 스트리트(Fleet Street)와 같은 지역을 방문하면 마치 과거로 돌아간 듯한 느낌을 받을 수 있다. 시간을 거슬러 올라간 듯한 느낌은 단순히 오래된 건물 때문만은 아니다. 변호사들의 전통적인 외모와 복장, 때

때로 가발을 사용하는 모습 등이 17세기에서 온 듯한 느낌을 준다.

그러나 법률 업계의 전통적인 외관과 달리 그 이면에는 상당한 혁신과 자동화가 이루어지고 있다. 전 세계 주요 도시의 로펌들이 인간의 노동력을 대체할 기술을 적극적으로 모색하고 있다. 법률 업무의 상당 부분은 계약서, 이혼 서류, 재산 거래, 상해 청구, 법원 통지서와 같은 표준 문서를 작성하고 제출하는 것으로 구성된다. 이러한 일상적인 법률 문서를 자동으로 생성할 수 있는 시스템이 개발되었다. 일부 로펌은 이러한 자동화된 문서 서비스를 온라인으로 소비자에게 직접 제공하므로 변호사의 개입이 필요하지 않다. 지루한 업무인 문서 검토는 많은 로펌에서 이제 자동화되고 있다.

이것이 다가 아니다. 2017년에 세계 최초의 AI 로봇 변호사 로스(Ross)가 등장했다. 로스는 IBM의 왓슨 기술을 기반으로 구축되었으며 인간의 언어를 이해하고 법률 조사를 시행하며 인간 변호사가 고객 자료를 준비하는 것을 도울 수 있다. 렉스 마키나(Lex Machina)와 같은 서비스도 있다. 이 서비스는 법률 조사를 시행하고 소송 승소 가능성에 대한 예측을 포함한 전략적 조언을 제공할 수 있다. 이러한 사례는 법률 분야에서 기술을 활용하는 광범위한 추세의 일부에 불과하다. 빅데이터와 AI 기술은 법률 시스템 전반에 걸쳐 결과를 예측하고 조언을 제공하고 때에 따라 법률 규정을 집행하는 데 점점 더 많이 활용되고 있다.

정부 조직에서 기술적 실업

역사를 통틀어 생존을 위해 일할 필요가 없고 보다 지적이거나 문화적으로 중요한 활동에 집중할 수 있는 계층은 항상 존재했었다. 이러한 유한계급(有閑階級, 한가한 계급)은 옛날부터 정부를 위해 일하는 공직(公職)에 종사했었다.

하지만 컴퓨터 시대가 시작되면서 공직에서 데이터 수집, 처리 및 의사 결정의 전산화된 시스템이 사용되었다. 대량 감시, 빅데이터, 예측 분석이 등장하면서, 통치 과정이 자동화되거나 자동화되기 쉬운 상태로 전환된 것이다. 예를 들어 경찰은 예측적 치안 기술(predictive policing technology)을 실험하고 있다. 이러한 기술은 데이터 마이닝(data-mining) 알고리즘을 사용하여 여러 지역의 범죄율과 체포율에 대해 개별 경찰관이 입력한 데이터를 처리한다. 데이터 마이닝이란 대규모 데이터셋에서 통찰력과 지식을 추출하는 과정이다. 이는 데이터의 패턴과 관계를 분석하기 위해 전문화된 알고리즘과 통계 기술을 사용하며, 숨겨진 추세를 발견하고 미래의 결과를 예측하고 정보에 입각한 결정을 내리는 데 사용된다. 그리고 미국의 보안 로봇 전문 기업 나이트스코프(Knightscope)는 주차장과 쇼핑 센터를 순찰하는 로봇 보안 요원을 개발했다. 아랍에미리트의 두바이는 관광지에 로봇 경찰을 배치하고 안면 인식 기술이 적용된 로봇 경찰차와 동반 드론을 투입해 거리를 순찰하고 있다.

다른 나라들과 지역들도 이런 추세에 동참한다면 자동화된 법 집행의 현실이 머지않은 미래에 훨씬 더 구체화될 것이다. 현재로서는 로봇이 대통령이나 왕이 된다는 생각은 진지하게 고려되지 않고 있으므로 국회의원이나 정치인과 같은 역할을 하는 인간은 여전히 존재할 것이다. 하지만 정부 운영에서 이러한 인간 역할의 중요성과 영향력은 크게 줄어들 것이다. 인간 정치인은 갈수록 사람 부품은 거의 없는 국가 기구를 감독만 하게 될지도 모른다.

과학계에서 기술적 실업

인간은 '호모 사피엔스'라고 부른다. 즉, 인간은 '지혜로운 사람'이다. 하지만 우리의 이해력은 상당히 제한적이다. 우리의 인지 능력은 3차원 공간에서 일상생활에서 마주치는 속도로 움직이는 너무 작지도 크지도 않은 특정 범위의 물체를 탐색하고 이해하도록 진화했다. 1500년경부터 시작된 과학 혁명은 우리의 무지를 부각시켰고 자동화로 이어진 많은 기술적 변화를 주도했다. 이러한 변화에도 불구하고 과학자는 근본적인 진리를 밝혀내고 인간의 지식을 확장하고자 한다. 이는 고귀하고 칭송받을 만한 일로 여겨졌다. 순전히 이해를 위해 지식을 추구하는 행위는 인간 본성의 가장 고상하고 심오한 측면 중 하나다. 이러한 탐구와 발견에 대한 열망은 인간다움의 본질적이고 존경할 만한 부분이다.

정부, 의료, 법률, 금융 등 다른 복잡한 분야와 마찬가지로 과학 분야도 효과적인 운영과 발전을 위해 기계의 도움이 필요한 수준에 이르렀다. 간단하고 명백한 과학적 발견은 이미 이루어졌다. 남은 것은 해결하기 더 어렵고 고급 도구와 방법이 필요한 더 복잡한 문제들이다. 현대 과학은 많은 양의 데이터를 다루고 있다. 이제 과학 연구는 대규모 데이터셋의 수집, 분석, 해석에 크게 의존하고 있다. 이런 점에서 과학은 이제 빅데이터 기획이다. 이제 국제적인 협력이 수반되는 대규모 프로젝트가 특징인 과학 연구 단계에 접어들었다. 즉, 이러한 팀들이 정교한 알고리즘과 컴퓨터 프로그램을 사용하여 방대한 데이터를 처리하고 과학 이론과 가설을 테스트하는 빅 사이언스(big science) 시대에 접어들었다. 현재 기계는 인간 과학자를 보조하는 도구로 사용되고 있다. 그러나 기계가 더 큰 역할을 맡기 시작하면서 잠재적으로 인간의 감독과 개입이 줄어드는 변화가 일어나고 있다.

예를 들어 1970년대에 수학적 정리(定理)를 증명하기 위해 실제로 컴퓨터 프로그램이 사용되었다. 미국 수학자 케네스 아펠(Kenneth Appel, 1932~2013)과 독일 수학자 볼프강 하켄(Wolfgang Haken, 1928~2022)은 사색정리(四色定理)를 증명하기 위해 컴퓨터 프로그램을 사용했다. 지도에서 인접한 나라를 서로 다른 색으로 칠하는 데 네 가지 색만 있으면 충분하다는 정리다. 이 정리는 프란시스 거스리(Fransis Guthrie, 1831~1899)가 1852년에 처음 제안했다. 그러나 이 정리는 1976년이 되어서야 컴퓨터 기술을 사용하여 증명되었다. 사색정리 증명은 지금까지 달성된 것 중 가장 어렵고 복잡한 수학적 증명으로 여겨진다. 이후 수학적 증명의 복잡성이 커지면서 수학자들은 증명의 타당성을 확인하기 위해 컴퓨터 프로그램에 점점 더 의존하게 되었다. 이것은 연구자들에게 큰 이득으로 밝혀졌고, 수 세기 동안 증명되지 않았던 추측을 증명할 수 있게 되었다.

생물 의학 연구 분야에서는 가설을 생성하고 테스트할 수 있는 로봇 과학자를 만들기 시작했다. 웨일스의 애버리스트위스대학교(Aberystwyth University) 연구원들이 디자인한 로봇 아담(ADAM)은 2009년에 과학적 정보를 독립적으로 발견한 최초의 로봇으로 발표되었다. 이 로봇은 빵 효모에 대한 모든 과학적 정보를 받았고, 이를 이용해 그 게놈에 대한 스무 개의 가설을 생성하고 테스트했다. 이 로봇은 빵 효모의 성장에 중요한 특정 효소를 암호화하는 유전자를 성공적으로 밝혀냈다. 이후 같은 연구팀이 말라리아 연구에 투입된 또 다른 로봇인 이브(EVE)를 제작했다. 이 로봇은 말라리아를 일으키는 기생충의 성장에 핵심적인 효소를 표적으로 삼는 화학물질을 발견했다. 이쯤 되면 인간 과학자가 쓸모없게 되는 것은 시간 문제다.

어느 분야에서든 우리 인간은 점점 더 기술에 의해 대체되거나 추월당하고 있다. 인간이 뒷전으로 밀려나는 주된 이유는 자동화 기술은 무시무시한 속도로 발전하고 세상은 그만큼 더 복잡해지기 때문이다. 기술 발전과 사회 복잡성은 서로 연결되어 있다. 이 두 가지 추세는 서로를 강화하는 주기로 함께 진행된다. 즉, 기술이 발전함에 따라 세상이 복잡해지고, 반대로 사회의 복잡성이 기술 혁신을 주도한다는 것이다. 앞서 언급한 어려움에도 불구하고 이러한 기술 발전은 상당한 이점을 가져다준다. 우리는 그 어느 때보다 더 건강하고 더 오래 살고 더 생산적이다.

기술은 계속 발전하지만, 우리 인간은 생물학적으로 크게 변하지 않았다. 우리는 농업이 출현하기 훨씬 이전 진화가 우리에게 제공한 생물학적 형태에 여전히 갇혀 있다. 기술적으로 정교하고 사회적으로 복잡한 세상을 만들어낸 인류의 업적은 대단하다. 아이러니하게도 이러한 성과로 인해 우리의 미래를 관리하는 것은 인간이 아닌 기계가 될 가능성이 크다. 현재의 생물학적 한계를 가진 우리 인간은 본질적으로 우리가 만들어낸 첨단 기술과 사회 시스템을 관리하는 데 필요한 복잡성과 요구를 처리할 수 있도록 설계되거나 준비되어 있지 않다. 이러한 작업을 위해 설계되고 최적화된 기계가 이러한 과제를 관리하는 데 더 적합할 것이다.

참고문헌

Danaher, J.(2019). *Automation and Utopia: Human Flourishing in a World without Work*. Harvard University Press.

Marcus, G.(2024). *Taming Silicon Valley: How We Can Ensure That AI Works for Us*. The MIT Press.
Susskind, D.(2020), *A World without Work*. Penguin.

04
기술적 실업의 성격과 현황

자동화, 인공지능 및 기타 첨단 기술이 계속 발전함에 따라 과거에는 인간 노동자의 고유 영역이었던 업무를 로봇이 수행할 수 있는 능력이 점점 더 향상되고 있다. 빠르게 진화하는 오늘날의 기술 환경에서 기술적 실업은 실제로 중요한 문제다. 여기서는 기술적 실업의 성격을 살펴보고, 기술적 실업에 대한 두 보고서의 내용을 소개하면서 기술적 실업의 현황을 제시한다.

기술적 실업의 성격

기술적 실업은 자동화, AI, 머신러닝과 같은 기술의 발전으로 인해 사람들이 일자리를 잃는 현상을 말한다. 최근 몇 년 동안 기술 발전으로 인해 제조업, 소매업, 관리직 등 다양한 분야에서 일자리가 사라지고 있다. 자동화가 많은 일상 업무를 대체하면서 생산성은 향상되었지만, 일부 노동자는 일자리를 잃기도 했다. 2019년 12월 중국 후베이성 우한시에서 발생하여 전 세계적으로 확산된 COVID-19(코로나바이러스감염증-19) 사태로 인해 기업들이 봉쇄와 사회적 거리두기 조치 속에서 기업 운영을 유지하기 위해 점점 더 기술에 의존하게 되면서 이러한 추세는 더욱 가속화되었다. 이로 인해 원격 근무 기술, 이커머스 플랫폼, 배달 서비스에 대한 수요가 급증하면서 기술적 실업 추세가 더욱 악화되고 있다.

기술적 실업은 새로운 현상이 아니다. 기술적 실업은 주요 기술 발전이 시작된 이래로 인류 역사와 함께했었다. 초기에 가장 주목할 만한 사례는 산업 혁명 시기에 발생했다. 18세기 후반부터 시작된 이 시기는 농업 중심의 수작업에서 기계 기반의 제조업으로 전환되는 중요한 시기였다. 이는 전례 없는 경제 성장과 새로운 산업의 탄생으로 이어졌지만, 특히 섬유 생산과 농업 등의 분야에서 많은 전통적인 기술과 일자리가 쓸모없게 되기도 했다.

역사를 통틀어 기술 발전은 지속적으로 고용 시장을 재편해 왔다. 20세기에는 자동화의 부상과 디지털 기술의 출현으로 이러한 추세가 더욱 가속화되었다. 공장은 반복적이고 육체적으로 힘든 작업에서 인간의 노동력을 기계로 대체하기 시작했다. 하지만 이러한 변화는 제조업에만 국한된 것이 아니라, 곧 통신, 은행, 소매업과 같은 다른 분야로 확산되어 그 과정이 점점 더 전산화되고 자동화되었다.

기술 발전의 각 시대는 수작업에서 자동화로 전환되었다. 1900년대 초, 자동차 제조에 도입된 조립 라인은 숙련된 장인의 필요성을 줄여 반복적이고 숙련도가 낮은 작업을 선호하게 되었다. 이후 세기 후반에는 디지털 혁명이 육체노동뿐만 아니라 인지적 업무까지 자동화하기 시작하면서 사무직과 서비스 산업에 큰 영향을 미쳤다. 이러한 변화는 단기적인 일자리 감소로 이어지기도 했지만, 일반적으로 다른 기술을 필요로 하는 새로운 유형의 고용 기회가 열리기도 했다. 예를 들어 기계화로 인해 농업과 제조업 분야의 일자리가 감소하는 대신 서비스직과 기술 관련 분야의 일자리는 증가했다.

이러한 역사적 맥락은 반복되는 패턴을 강조한다. 기술 변화는 필연적으로 고용 시장을 혼란에 빠뜨리지만 새로운 형태의 고용과 경제적 기회를 위한 토대를 마련하기도 한다.

기술적 실업은 자동화 기술로 인해 '일'이 자동화되어 우리의 삶에서 일자리가 제거되면서 우리 인간이 가까운 미래에 결국 실업자가 되는 현상이다. 이런 사회는 포스트워크(post-work) 사회다. 포스트워크 사회는 자동화 기술의 발전으로 사람들이 일하지 않아도 되는 미래 사회다. 이런 사회에서는 일이 사람들의 지위나 정체성을 규정하지 않으며, 목적이나 성취감을 달성하는 주요 수단도 되지 않을 것이다.

기술적 실업이 실현된다는 견해를 펼치는 사람들은 기술이 가까운 미래에 상당한 수의 인간 노동자를 실업자로 만든다고 주장한다. 또 이 실업자가 다른 일자리를 구하지 못할 것으로 예측한다. 바꿔 말하면 앞으로는 노동자가 현저하게 줄어든다는 것이다. 현재 대부분의 선진국에서 인구의 60~70%가 노동에 참여한다고 할 때, '현저하게 줄어든다'라는 말은 인구의 10~15% 또는 30~40%가 일하는 미래를 의미한다. 즉, 사회나 지역의 경제적 필요를 충족시키는 데 필요하지 않은 인구인 과잉 인구가 기술적 실업의 결과로 심하게 증가한다는 것이다.

기술적 실업을 올바르게 이해하는 것은 정책 입안자, 기업, 노동자가 급변하는 직업 세계를 탐색하고 기술 발전의 혜택을 모두가 공유할 수 있도록 하는 데 필수다. 구체적인 그 이유를 몇 가지 살펴보자.

첫째, 기술이 계속 발전함에 따라 어떤 직업이나 업무가 대체될 위험이 있는지 예측하고 노동자가 새로운 역할로 전환할 수 있도록 지원하는 전략을 개발할 수 있다.

둘째, 기술이 고용에 미치는 영향을 이해하면 교육, 훈련, 사회 안전망과 관련된 정책 결정을 내리는 데 도움이 된다. 예를 들어 특정 산업이 실직 위험이 큰 경우 정부는 노동자가 새로운 기술을 개발할 수 있도록 교육 및 훈련 프로그램에 투자할 수 있다.

셋째, 기술이 고용에 미치는 영향을 이해하면 정책 입안자들이 포용적 성장을 촉진하고 모든 노동자가 좋은 일자리에 접근할 수 있도록 보장하는 전략을 개발하는 데 도움이 된다. 기술 발전은 생산성 향상과 혁신 등 상당한 경제적 이익을 가져올 수 있다. 그러나 이러한 혜택을 소수의 특권층이 아닌 모든 사회 구성원이 공유할 수 있도록 해야 한다.

넷째, 기술 변화로 인한 일자리 이동은 불평등 증가,

사회 불안, 소비자 지출 감소와 같은 심각한 사회적 · 경제적 결과를 초래할 수 있다. 기술적 실업에 대한 올바른 이해는 정책 입안자와 기업이 이러한 위험을 파악하고 완화하는 데 도움이 된다.

다섯째, 기술은 일자리 감소로 이어질 수도 있지만 새로운 일자리 기회를 창출할 수도 있다. 기술적 실업에 대한 올바른 이해는 기업이 새로운 일자리가 창출될 수 있는 분야를 파악하고 이러한 기회를 활용하기 위한 전략을 개발하는 데 도움이 된다.

기술적 실업에 관한 보고서

기술적 실업의 현황을 조사하는 두 보고서가 있다. 하나는 2013년의 칼 프레이와 마이클 오스본(Carl Frey and Michael Osborne)의 보고서고, 다른 하나는 2017년의 맥킨지글로벌연구소(McKinsey Global Institute)의 보고서다.

프레이와 오스본 보고서는 전체 702개의 연구 대상 직업군에 대하여 자동화에 따라 대상 직업군이 미래에 사라질 가능성을 제시한다. 이 보고서는 미국 내 모든 직업의 47%가 향후 10~20년 이내에 컴퓨터로 인해 자동화될 수 있다고 주장한다.

프레이와 오스본은 자동화가 시간이 지남에 따라 발전해 온 방식 그리고 AI와 로봇공학의 최신 발전 상황을 살펴보는 것으로 연구를 시작한다. 이들은 과거 연구를 통해 기술이 인간의 일자리를 대체할 수 있는 강력한 잠재력을 가지고 있다는 것을 알았다. 최근의 발전은 기계가 반복적인 일상 업무뿐만 아니라 복잡하고 일상적이지 않은 일부 업무도 곧 처리할 수 있음을 보여 주었다.

이러한 발전에도 불구하고 지각과 조작(perception and manipulation), 창의적 지능(creative intelligence), 사회적 지능(social intelligence)이 필요한 영역에서는 인간이 여전히 상당 기간 기계보다 우월할 것이라는 가정을 세웠다. 지각과 조작 능력은 뛰어난 손재주를 가지고 비좁거나 어색한 위치에서도 능숙하게 일할 수 있는 능력을 뜻한다. 로봇은 이런 능력이 필요한 작업에는 취약하다. 창의적 지능이 필요한 일도 로봇이 수행하기는 힘들다. 미술, 음악, 소설 등과 같은 분야에서 AI 화가, AI 작곡가, AI 작가가 등장했지만, AI의 성능을 점검하는 차원에서의 시도일 뿐이다. 사회적 지능과 관련한 업무도 로봇의 위협에서 비교적 안전하다. 협상, 설득, 돌봄 등이 그러한 업무다.

이러한 통찰력을 바탕으로 프레이와 오스본은 향후

20년간 얼마나 많은 일자리가 자동화될 수 있는지 정량화하는 것을 목표로 삼았다. 그리고 그 결과를 바탕으로 예측을 했다.

프레이와 오스본은 미국 노동부에서 관리하는 O*NET 데이터베이스를 사용하여 다양한 직업이 자동화될 가능성이 얼마나 큰지 추정했다. O*NET 데이터베이스는 각 직업과 관련된 업무에 대한 자세한 설명을 포함하여 미국의 모든 직업에 대한 포괄적인 정보를 제공한다. 이들은 추정 과정에서 개인적 판단에 기반한 주관적 방법과 데이터 및 분석에 기반한 객관적 방법을 모두 사용했다. 이들은 옥스퍼드에서 머신러닝 전문가들과 함께 워크숍을 진행하면서 70개의 직업을 직접 평가하고 판단에 따라 자동화 가능(1점) 또는 자동화 불가능(0점)으로 평가했다. 객관적인 방법을 위해서는 O*NET 데이터베이스의 직업 및 업무에 대한 설명과 자동화하기 어려운 세 가지 유형의 업무인 지각과 조작, 창의적 지능, 사회적 지능을 연결했다. 연구진은 O*NET 데이터베이스에서 직업에 필요한 기술을 나타내는 9개의 변수를 찾았고, 이는 자동화가 어려운 세 가지 작업 범주와 일치했다. 이러한 변수를 사용하여 다양한 직업의 자동화 가능성을 확률적으로 평가하고 분류하는 알고리즘을 만들었다.

프레이와 오스본은 주관적인 수작업 라벨링과 객관적인 알고리즘을 모두 사용하여 직업을 고위험(확률 0.7 이상), 중간 위험(확률 0.3~0.7), 저위험(확률 0.3 미만)이라는 세 가지 자동화 위험 수준으로 분류했다. 그리고 분류와 분석을 바탕으로 향후 20년 동안 미국 직업의 47%가 자동화될 위험이 크다는 결론을 내렸다.

맥킨지글로벌연구소 보고서는 프레이와 오스본 연구와 비슷한 방법론을 사용했지만 전체 직업보다는 개별 업무에 집중했다. 이는 업무에 대한 평가가 자동화 잠재력을 평가하는 더 정확한 방법이라고 믿었기 때문이다. 프레이와 오스본과 마찬가지로 이 보고서는 O*NET 데이터베이스를 활용하고 미국 노동통계국의 정보로 보완하여 노동자가 수행하는 다양한 업무에 대한 자세한 설명을 수집했다. 이 보고서의 분석 결과 800여 개 직업에 걸쳐 2000여 가지가 넘는 고유한 업무가 확인되었다. 연구팀은 이러한 업무를 18가지 수행 능력으로 분류하고, 이를 다시 감각적 지각, 인지, 자연어 처리, 사회적 · 정서적 능력, 신체적 능력이라는 다섯 개 범주로 분류했다. 그런 다음 인간 유사성을 기준으로 삼아 관련 업무에서 각 역량에 필요한 성과 수준을 평가했다. 이를 통해 업무에 대한 네 가지 분류 체계를 만들었다. 인간 수준의 능력이 필요하지 않은 업무, 평균 이하의 인간 능력이 필요한 업무, 중간 수준의 인간 능력이 필요한 업무, 높은 수준의 인간 능력이 필요한 업무가 그것이다.

이러한 접근 방식을 통해 맥킨지글로벌연구소는 단기 및 중기 미래에 이러한 업무가 기계에 의해 완전히 자동화될 가능성을 추정했다. 예측 가능한 신체 활동, 데이터 수집 및 처리와 같은 업무는 자동화 가능성이 크지만, 인사 관리, 전문 지식 적용, 예측 불가능한 신체 활동과 같은 업무는 자동화 가능성이 작은 것으로 추정되었다. 연구팀은 작업 민감도 평가와 다양한 직종에서 이러한 업무에 걸리는 시간에 대한 데이터를 결합하여 각 직업의 자동화 잠재력에 대한 종합적인 추정치를 만들었다.

맥킨지글로벌연구소는 동일한 방법론을 적용하여 45개국의 자동화 잠재력을 추가로 분석했다. 연구팀은 기존 직업의 5% 미만만이 완전 자동화가 가능하지만, 60%의 직업에는 자동화가 가능한 업무가 30% 이상 포함되어 있다고 결론 내렸다. 또한 전 세계 유급 업무의 49%가 기존 기술을 사용하여 자동화할 수 있고, 2017년 기준 미국에서 자동화에 가장 취약한 단순 노동과 정보 처리 관련 업무가 전체 고용의 51%를 차지한다고 추정했다.

참고문헌

Frey, C. B. and Osborne, M. A.(2013/2017). The future of employment: How susceptible are jobs to automation?" *Technological Forecasting and Social Change*, no. 114.

Manyika, J., et al.(2017). A Future That Works: Automation, Employment and Productivity. *McKinsey Global Institute Report*.

Meyer, D.(2017.11.19). Robots may steal as many as 800 million jobs in the next 13 years. *Fortune*, http://fortune.com/2017/11/29/robots-automation-replace-jobs-mckinsey-report-800-million/

Miller. A.(2019). *The Artist in the Machine: The World of AI-Powered Creativity*. The MIT Press.

05
기술적 실업 주장에 대한 반대

만약 자동화 기술이 점점 더 많은 인간의 일을 대체한다면 그리고 만약 인간이 담당할 다른 일이 점점 더 적어진다면, 기술적 실업이 발생할 것이다. 여기서는 경제의 역동성을 고려하지 않는 기술적 실업의 주장이 잘못되었고, 기술적 실업이 일어나지 않는다는 주장에 힘을 실어 주는 네 가지 근거를 제시한다.

우리의 삶이 최첨단 기계로 점차 자동화되면서 많은 사람들은 일자리를 잃게 된다는 기술적 실업의 개념에서는 우리가 하는 일의 종류, 즉 금전적 보수를 받는 업무가 본래 고정되어 있다고 가정한다. 일정 수의 업무만 있고, 기계가 발전하면서 결국 각 업무에서 인간을 대체하게 되면 인간이 할 수 있는 일은 아무것도 남지 않는다는 것이다.

그런데 기술적 실업이 일어나지 않는다고 주장하는 사람들도 있다. 이들은 업무가 본래 고정되어 있다는 기술적 실업에서 제시하는 기본 가정 자체가 잘못된 것으로 본다. 경제는 혁신과 역동적인 변화를 통해 끊임없이 진화한다. 결국 신기술과 맞물려 새로운 일자리가 생겨난다는 것이 이들의 생각이다. 여기서는 기술적 실업이 일어나지 않는다는 주장에 힘을 실어 주는 네 가지 근거를 제시한다.

러다이트 오류

기술적 실업의 주장에 반대하는 첫째 근거는 '신기술 반대자'를 뜻하는 러다이트(Luddite)와 관련된 역사적 사실에서 찾을 수 있다. 기술적 실업이 발생한다는 주장은 러다이트 오류(Luddite fallacy)를 범한다. '러다이트'는 산업 혁명 시기인 1800년대의 영국에서 기계 도입으로 일자리를 잃은 해직 노동자 집단을 말한다. 이들은 증기기관 하나가 1000명의 일자리를 빼앗아 간다고 주장하면서 공장의 기계를 부수는 등 폭동을 일으켰다. 그러나 그 이후 약 200년 동안 기술 발전에도 불구하고 일자리 수는 줄지 않았다. 오늘날에는 역사상 그 어느 때보다 더 많은 사람들이 일하고 있고, 업무의 성격만 달라졌을 뿐이다. 더 나아가 새로운 성격의 일자리도 생겨났다. 이런 점에서 러다이트 집단은 오류를 범한 것이다. 러다이트 오류는 기술적 진보가 불가피하며, 이에 저항하거나 반대하려는 노력이 헛되거나 잘못되었다는 가정에 근거한다. 즉, 러다이트 오류는 신기술이 일자리를 없애고 실업을 초래한다는 잘못된 믿음을 말한다.

역사적으로 인간의 욕망과 필요는 끊임없이 확장되었다. 기술이 발전함에 따라 우리의 생활 조건이 바뀌고 필요한 노동의 유형도 변화하고 있다. 컴퓨터 프로그래머나 소셜 미디어 고문과 같은, 100년 전에는 들어본 적도 없던 직업이 가능하고 심지어 경제적으로 바람직한 직업이 되었다. 그리고 인터넷의 출현으로 많은 전통적인 일자리가 사라졌지만, 이커머스, 디지털 마케팅, 정보기술 서비스 등의 분야에서 새로운 일자리가 많이 생겨났다. 기술적 실업의 주장에 반대하는 사람들은 기술 발전이 새로운 일자리를 창출하는 이러한 패턴이 미래에도 지속될 것이라고 믿는다.

그러나 러다이트 오류에 이의를 제기하는 사람들은 새로운 일자리가 창출되더라도 반드시 좋은 일자리이거나 모든 사람이 접근할 수 있는 일자리가 아닐 수 있다고 주장한다. 예를 들어 독립 계약자나 프리랜서로 일하는 노동자가 증가하는 추세의 경제 방식인 긱 경제(gig economy)의 부상으로 새로운 일자리가 창출되었지만, 이러한 일자리에는 혜택, 고용 안정성, 승진 기회가 부족한 경우가 많다.

인간과 기계의 보완성

기술적 실업의 주장에 반대하는 둘째 근거는 '보완성'의 개념과 관련 있다. 미국의 경제학자 데이비드 오토(David Autor, 1967~)는 기술적 실업의 가능성에 가장 강력하게 반대하는 인물이다. 그는 기술적 실업이 발생한다는 생각에 사로잡힌 사람들이 기술의 대체 효과(substitution effect)에 지나치게 집중하고, 보완 효과(complementarity effect)에는 충분히 집중하지 않는다고 주장한다. 대체 효과란 신기술로 더 저렴한 기계가 개발되어 도입되면서 노동력의 대체로 이어지는 효과를 말한다. 이에 반해, 보완 효과란 둘 이상의 요인이 상호 보완적으로 결합하면 개별 효과의 합보다 더 큰 효과를 내는 현상을 말한다.

기술적 실업이 일어나지 않는다고 보는 사람들은 자동화와 기술이 일반적으로 전체 업무를 대체하기보다는 한 직업 내에서 특정 업무를 대신한다고 주장한다. 예를 들어 회계사의 경우 특정 데이터 입력 업무는 자동화되었지만, 데이터를 분석하고 전략적 의사 결정을 내리는 업무는 여전히 인간의 몫으로 남아 있다. 작업 공정도에서 창출되는 가치는 고립된 업무가 아니라 다양한 업무가 함께 작동하는 조합에서 나온다. 따라서 하나의 업무를 자동화하더라도 다른 업무에는 여전히 사람의 개입이 필요하므로 전체 고용이 반드시 감소하는 것은 아니다. 자동화가 특정 업무를 대신하면 인간 노동자는 나머지 보완 업무에 집중할 수 있다. 반복적인 업무는 기계가 처리하고 인간은 더 복잡하고 창의적이거나 전략적인 업무에 집중할 수 있기 때문이다.

특정 업무의 자동화는 해당 업무의 비용을 절감하고 생산성을 높일 수 있다. 이러한 개선은 관련 분야의 수요와 생산량 증가로 이어져 보완적인 분야에서 잠재적으로 더 많은 일자리를 창출할 수 있다. 예를 들어 제조업의 자동화는 생산 비용 절감과 생산량 증가로 이어져 늘어난 생산량을 관리하고 분배하는 물류 및 영업 업무에 대한 수요를 증가시킬 수 있다.

미국의 로봇공학 전문가이자 카네기멜런대학교 교수인 한스 모라베크(Hans Moravec, 1948~)는 1980년대에 체스와 같이 고도의 추상적 사고가 필요한 작업은 비교적 쉽게 자동화할 수 있다는 점에 주목했다. 이러한 작업은 규칙과 논리로 명확하게 정의할 수 있고, 컴퓨터가 이를 따라 효율적으로 실행할 수 있기 때문이다. 이와는 대조적으로 공 잡기와 같은 기본적인 감각 및 운동 기술을 포함하는 작업을 자동화하는 것은 훨씬 더 어렵다. 이러한 기술은 연습과 경험을 통해 학습되는 암묵적 기술인 경우가 많아 명시적으로 설명하거나 체계화하기 어려운 것이다. 이것은 후에 모라베크의 역설(Moravec's paradox)로 알려졌다. 모라베크의 역설은 인간과 기계의 작업 난이도 사이의 차이를 부각한다. 인간에게 어려운 일은 기계(컴퓨터와 AI 시스템)에게 쉽고, 기계에게 쉬운 일은 인간에게 어렵다는 것이 모라베크의 역설에서 핵심이다.

인간과 기계의 보완성에 관한 데이비드 오토의 주장

에서 보은 효과는 한 가지 특정 업무에 능숙한 기계의 등장이 어떻게 인간 노동자를 보완적 업무로 옮겨가게 하는지에 초점을 맞춘다. 오토는 인간이 기계보다 더 잘할 수 있는 일이 있으므로 인간이 기계를 보완할 수 있는 업무를 찾아 기계가 잘 수행하지 못하는 업무로 옮겨간다고 주장한다.

데이비드 오토는 헝가리 출신의 영국인 경제학자 마이클 폴라니(Michael Polanyi, 1891~1976)의 연구를 이용해 지속되는 인간의 보완성에 찬성 주장을 펼친다. 폴라니는 인간 지식의 암묵적 영역(tacit dimension)에 관해 이야기한다. 폴라니는 인간의 노하우가 대부분 무의식적으로 작동하는 암묵적 기술과 지식에 의존하며, 이러한 기술이 문화, 전통, 진화를 통해 전승된다고 주장한다. 암묵적 지식은 규칙으로 표현하기 어려우므로 자동화 기술에 저항한다.

데이비드 오토는 모라베크의 역설에 폴라니의 역설(Polanyi's paradox)이라는 새로운 이름을 붙인다. 마이클 폴라니의 이름을 딴 이 역설은 사람들이 명시적으로 표현하지 못하는 지식을 소유하는 현상을 말한다. 즉, 사람들은 흔히 말로 표현할 수 있는 것보다 더 많은 것을 안다. 마이클 폴라니는 이런 생각을 1996년에 출간한 『

암묵적 영역』에서 소개한다. 그는 암묵적이고 직관적이며 묵시적인 지식이 상당히 많이 있다고 주장한다. 이러한 암묵적 지식은 우리 인간 마음속에 깊이 뿌리 박혀 있고, 기술, 전문 지식, 직관, 몸동작, 심지어 깊이 간직된 개인적 믿음과도 관련이 있다. 이러한 폴라니의 역설은 기계의 지배에 직면하는 인류에게 중요한 방책을 제공한다. 즉, 암묵적인 인간의 노하우가 인간과 기계의 보완성을 지속시키는 원천이 된다는 것이다.

법적 규제

기술적 실업의 주장에 반대하는 셋째 근거는 기술적 실업이 일어나지 않도록 하는 법적 규제가 있다는 것이다. 실리콘밸리 문화에서 비롯된 디지털 기술과 자동화 기술이 크게 번성할 수 있었던 것은 큰 규제가 없었기 때문이었다. 규제가 적은 기술 업계와 규제가 심한 제약 업계를 비교해 보면, 규제 환경이 혁신의 속도에 어떤 영향을 미치는지 알 수 있다.

최근 몇몇 연구자는 엄격한 법적 규제가 다가오는 자동화의 물결을 늦출 수 있다고 주장한다. 예를 들어 영국의 미들섹스대학교의 국제 고용 관계 교수인 마틴 업처치(Martin Upchurch)와 레스터대학교의 정치 경제와 기술 학과 교수인 피비 무어(Phoebe Moore)가 2017년에 발표한 논문에서 제기한 우려는 자동화 기술의 급속한 발전이 직면할 수 있는 흥미로운 도전을 강조한다. 그것은 자동화 기술이 사회에 통합되는 것을 늦출 수 있는 잠재적인 법적 규제를 말한다.

업처치와 무어는 자동화 기술, 특히 자율주행 자동차가 널리 보급됨에 따라 여러 가지 법적 · 사회적 규제가 등장하여 심각한 문제를 야기할 수 있다고 주장한다. 예를 들어 자율주행 자동차가 운행되면 사고 발생 시 책임 소재가 누구에게 있는지에 대한 문제가 복잡해진다. 현재 전통적인 자동차 소유권에서는 운전자가 모든 사고에 대한 책임을 지지만, 자율주행 자동차에서는 책임 소재가 바뀔 수 있으며 과실 판단이 복잡해질 수 있다. 제조업체, 소프트웨어 개발자, 심지어 개인 소유자까지 모두 잠재적으로 책임을 져야 할 수 있어 복잡한 법적 다툼이 발생할 수 있다. 또 다른 문제는 보험 적용 범위다. 기존의 자동차 보험은 운전자 과실이라는 개념을 중심으로 설계되었지만, 자율주행 자동차에서는 운전자 과실이라는 개념 자체가 사라진다. 보험 회사는 사고 위험 감소를 고려하여 새로운 정책과 보험료를 결정해야 하며, 기술 오류와 관련된 새로운 위험도 고려해야 한다. 이는 보험사들이 기술을 따라잡기 위해 자율주행 자동차 도입을 늦출 수 있는 중대한 도전이 될 수 있다.

법적 규제와 비슷한 맥락에서 기술 발전 속도를 늦추는 또 다른 방법으로 기술 혁신에 세금을 부과하는 것이다. 빌 게이츠(Bill Gates, 1955~) 전 마이크로소프트 최고경영자를 비롯한 일부 사람들은 '로봇세(robot tax)'라는 아이디어를 제기한 바 있다. 처음에 게이츠는 로봇으로 대체되는 노동자에게 환급할 수 있는 세금을 걷는 방법으로 로봇세를 구상한 것으로 보인다. 하지만 로봇세가 매우 높은 수준으로 설정되면 기술 혁신에 대한 불이익으로 작용하여 자동화 기술의 발전 속도를 늦출 수도 있다.

자본주의 소비 경제의 본질

기술적 실업의 주장에 반대하는 넷째 근거는 기술적 실업이 지속 불가능하다는 것이다. 소비자 지출에 의존하는 자본주의 경제에서 많은 성인이 실직하면 경제는 어려움을 겪을 것이다. 일자리가 없으면 상품과 서비스를 구매하는 데 필요한 소득이 부족해져 전반적인 소비자 지출이 감소할 것이다. 이 문제를 설명하기 위해 자주 인용되는 일화는 자동차 회사 경영자인 헨리 포드 주니어

(Henry Ford Jr, 1917～1987)와 노동조합 지도자였던 월터 로이터(Walter Reuther, 1907～1970)에 관한 것이다. 로이터는 포드 자동차 회사가 소유한 새 공장을 둘러보게 되었다. 이 공장에는 기존에 조립 라인에서 사람이 하던 작업을 수행하도록 설계된 첨단 기계가 설치되어 있었다. 로이터가 이 멋진 신세계를 두고 고민하고 있을 때, 포드는 약간 들떠서 로이터가 어떻게 이 기계에게 조합비를 내도록 할 것인지 물었다. 로이터는 즉시 포드가 어떻게 기계가 생산하는 자동차를 구매할 것인지 질문하면서, 고용된 노동자가 없으면 제품을 구매할 소비자가 없다는 문제를 강조하며 대답했다.

이 일화는 사실이 아니며 전설에 가깝지만, 근본적인 문제를 효과적으로 전달하기 때문에 자주 언급된다. 이 이야기는 지속 불가능성 우려(unsustainability concern)를 잘 보여 준다. 즉, 자본주의 경제는 제품을 구매하기 위해 소비자가 필요하고, 소비자는 제품을 구매하기 위해 소득이 필요하다. 자동화가 일자리를 빼앗는다면 사람들이 제품을 구매하는 데 필요한 소득도 사라져 소비자층이 줄어든다는 것이다. 자본주의 경제는 부유한 개인의 소비 증가를 통해 소비자 수의 감소를 어느 정도 감당할 수 있을지도 모르지만, 이는 어디까지만 가능하다.

너무 많은 사람이 실직하여 소비할 수 없게 되면 자본주의 경제가 붕괴할 수 있다. 비즈니스 소유자는 구매자가 없어 수익을 내지 못하게 되고, 수익이 없으면 자동화나 기타 발전에 더는 투자할 자금이 없을 것이다.

참고문헌

Autor, D.(2017.5.29). Will automation take away all our jobs?, https://ideas.ted.com/will-automation-take-away-all-our-jobs/

Polanyi, M.(1966). *The Tacit Dimension*. University of Chicago Press.

Upchurch, M. & Moor, P.(2017). Deep automation and the world of work, in *Humans and Machines at Work*, ed. P. Moore, M. Upchurch, and X. Whitakker, pp.45-71. Palgrave MacMillan.

06
기술적 실업 주장에 대한 찬성

자동화 기술로 인해 우리 인간이 실업자가 된다는 기술적 실업 주장에 대한 다양한 반대 의견에도 불구하고, 기술적 실업이 일어난다는 주장에 힘을 실어 주는 근거를 찾을 수 있다. 여기서는 기술 변화 속도를 따라잡지 못하는 교육 제도, 단숨에 변화를 불러오는 인공지능과 로봇공학의 전면성, 일자리를 늘리지 않는 승자독식 시장 등을 검토함으로써 기술적 실업 주장에 대한 찬성론을 제시한다.

200년 이상 사람들은 기술이 대량 실업을 초래할 수 있다고 예측해 왔지만, 아직 예상했던 규모만큼의 실업이 발생하지는 않았다. AI와 로봇공학의 급속한 발전으로 기술적 실업에 대한 우려가 재점화되면서 많은 학자들이 이 문제에 무게를 두고 있다. 역사적으로 기술로 인한 대규모 일자리 손실에 대한 예측은 정확하지 않았기 때문에 현재의 경고는 신빙성이 떨어진다. 대부분의 경제학자들은 자동화로 인한 기술적 실업에 대한 두려움은 과장된 것이며 경제는 적응할 것이라고 믿는다. 짧은 기간의 실직, 즉 마찰적 실업 이후에는 경제가 조정되면서 노동자들이 기계와 함께 새롭고 보완적인 역할로 전환할 것으로 예상한다.

하지만 이번에는 상황이 정말 달라질 수도 있다. 오늘날의 AI 및 로봇공학 발전의 영향은 이전의 기술 발전과는 크게 다를 수 있다. 과거의 기술 발전보다 현재의 AI와 로봇공학의 발전으로 인한 고용 관련 혼란이 더 클 것으로 예상되는 세 가지 근거가 있다.

기술 혁신 속도의 가속화

기술적 실업 주장에 찬성하는 첫째 근거는 기술이 발전하는 속도의 가속화와 관련 있다. 세계경제포럼(WEF)

은 직장에서 자동화 기술의 영향에 관한 2018년 보고서에서 기술이 전 세계적으로 7500만 개의 일자리를 대체할 수 있지만, 기계를 보완하는 일자리 1억 3300만 개가 창출될 것으로 예측했다. 그러면서 이러한 일자리를 채우기 위해서는 교육 제도를 재설계하여 해당 일자리를 채울 사람을 재교육해야 한다고 지적했다.

하지만 이는 쉬운 일이 아니다. 특정 개인은 나이 또는 개인적 상황과 같이 자신이 통제할 수 없는 요인으로 인해 재교육에 어려움을 겪을 수 있다. 그리고 교육 기관은 변화에 저항하고, 새로운 요구 사항에 쉽게 적응하지 못할 수도 있다. 국가 지원 교육 기관은 시장의 영향을 받지 않으므로 교육 과정을 업데이트할 동기가 부족할 것이다. 이미 해당 교육 기관에 종사하는 사람들로부터 상당한 반대가 있을 수도 있고, 이들은 많은 경우에 차세대 노동자를 교육하는 데 필요한 기술이 부족할 수도 있다.

이러한 제도적 어려움은 기술 변화와 발전의 속도가 빨라짐에 따라 더욱 악화될 것이다. AI와 자동화의 발전이 반드시 인간이 따라잡을 때까지 기다리는 것은 아니다. 인간이 기계가 보완하는 업무를 수행하는 데 필요한 기술을 스스로 재교육하느라 바쁜 것처럼, 기술자들도 이러한 업무를 수행할 수 있는 기계를 설계하느라 바쁠 것이다. 기술 혁신의 속도가 교육의 속도보다 빠르면 인간은 이러한 보완적인 일자리를 채우기 위한 경쟁에서 패배할 것이다. 인간이 이러한 경쟁에서 패배하는 시나리오가 실현되는 데는 기술의 기하급수적인 발전이 필요한 것이 아니라, 기술과 인간 교육의 상대적인 발전 속도에서 기계가 교육을 조금이라도 앞지르기만 하면 된다.

기술 혁신 속도의 가속화 문제는 젊은 세대에게 특히 어렵다. 에두아르두 폴(Eduardo Pol)과 제임스 리블리(James Reveley)가 2017년에 발표한 "로봇이 유도하는 기술 변화: 젊은이 중심의 대응 전략"이라는 논문에서 주장하듯이, 로봇으로 인한 실업은 젊은 세대가 궁핍화의 순환(cycle of immiseration)에 갇히는 것을 의미할 수 있다. 젊은이들은 더 나은 직업을 찾는 데 도움이 된다는 판단으로 대학교에 진학한다. 하지만 대학교에 다니는 것은 저렴하지 않다. 수업료가 저렴하거나 무료라고 해도 숙박비, 음식비, 교재비 등에 상당한 비용이 든다.

많은 학생들은 어떻게든 대학교를 졸업하기 위해 아르바이트를 해야 한다. 문제는 대학생들이 흔히 하는 아르바이트 일이 이제 점점 자동화에 취약해지고 있다는 것이다. 이로써 잠재적인 궁핍화의 순환이 만들어진다.

즉, 기계는 점점 더 젊고 비숙련 노동을 대체하고 있으며, 이로써 젊은 사람들은 자신의 기술 습득과 물적 자본(주택 등)에 투자할 수 있는 능력이 제한된다. 이는 자동화에 대한 취약성이 높아지고 기술을 향상할 수 있는 능력이 감소한다는 이중의 불이익에 직면한다는 것을 뜻한다. 결과적으로 기술로 인한 해직에 직면하여 스스로를 새롭게 할 수 있는 전체 인구의 능력은 제한된다.

기계 간의 보완성

기술적 실업 주장에 찬성하는 둘째 근거는 기계 간의 보완성과 관련 있다. 인간이 경제적으로 실행 가능한 방식으로 수행할 수 있는 기계를 보완하는 업무가 항상 있는 것은 아니다. 데이비드 오토는 인간과 기계가 효과적으로 협업하는 업무 현장을 조성할 수 있다는 가정하에 '보완 효과'라는 개념을 설명한다. 즉, 자동화 기술이 인간의 특정 업무를 대체하지만, 인간이 생산성을 높이는 방식으로 기계와 소통할 기회를 남겨 둔다는 것이다.

그러나 항상 그렇지 않을 수도 있다. 이미 다양한 산업에서 자동화로 인해 인간 노동자에게 어려운 환경을 조성한 사례가 있다. 예를 들어 제조 분야에서 로봇은 종종 힘과 속도 면에서 인간의 능력을 뛰어넘는 수준으로 작업한다. 로봇과 함께 작업할 때는 안전상의 이유로 로봇을 격리하고 인간은 안전거리를 유지해야 하는 어려움이 있다. 당분간은 여전히 사람이 가끔씩 기계와 상호작용하지만, 미래에는 기존 기계와 함께 작업할 수 있는 다른 기계를 만드는 것이 더 쉽고 안전할 수 있다.

마찬가지로 금융 시장에서도 트레이딩 봇은 사람들이 감당할 수 없는 속도와 규모로 작동할 수 있다. 트레이딩 봇의 속도와 복잡성으로 인해 사람들이 그 속도를 따라잡기가 어렵고 효과적인 규제와 감독에 상당한 어려움을 겪을 것이다. 사람의 감독에 의존하기보다는 트레이딩 봇을 규제하고 통제할 수 있는 추가적인 AI 프로그램을 개발하는 것이 더 간단할 것이다. 트레이딩 생태계는 다양한 유형의 기계와 알고리즘이 함께 작동하여 서로의 능력을 향상하는 생태계가 된다. 고속 트레이딩 알고리즘과 자연어 처리 및 음성 인식의 발전을 결합하면 기계 간의 보완성이 더욱 향상될 수 있다. 이는 기계가 투자를 관리할 뿐만 아니라 투자자가 자동화된 로보어드바이저(robo-adviser)로부터 조언과 업데이트를 받아 인간 재무 고문의 필요성이 줄어드는 시나리오로 이어질 수 있다.

여기서 중요한 것은 데이비드 오토의 보완 효과가 틀

렸다는 것이 아니라 불완전한 그림을 그리면서 상황의 복잡성을 완전히 설명하지 못한다는 점이다. 우리는 한 가지 업무에 능숙한 한 가지 유형의 AI(또는 로봇공학)하고만 경쟁해야 하는 것이 아니라 다른 업무를 수행하도록 설계될 여러 형태의 AI하고도 경쟁해야 한다. 이러한 다양한 기계들은 인간과 함께 일하는 것보다 서로 기계들끼리 협력하는 것이 더 쉬울 수 있다. 그 결과 인간-기계 키메라로 가능한 어떤 것보다 훨씬 더 효율적이지만 인간 친화적이지 않은 생산성 시스템이 탄생할 수도 있다.

인공지능학자 제리 카플란(Jerry Kaplan, 1952~)은 2015년에 출간한 『인간은 필요 없다』에서 기계 간의 보완성을 잘 묘사하고 있다. 카플란은 모든 작업에는 감각 데이터, 에너지, 추론 능력, 구동력이라는 네 가지가 필요하다고 지적한다.

'감각 데이터'는 시각, 청각, 촉각, 미각, 후각 등의 감각을 통해 얻은 정보를 말한다. 감각 데이터는 처리 및 의사 결정 과정을 입력 역할을 한다. '에너지'는 일하거나 변화를 일으킬 수 있는 능력이다. 생물학적 유기체에서 에너지는 음식 섭취를 통해 얻어지며 신체 기능의 이동, 성장, 유지 등 다양한 활동에 사용된다. 인공 시스템에서는 전기, 연료 또는 배터리 등의 다양한 공급원에서 나올 수 있어 시스템이 작업을 수행할 수 있게 한다. '추론 능력'은 이용 가능한 정보와 지식을 바탕으로 생각하고 분석하며 결론을 도출하는 능력을 말한다. 추론 능력은 개인이나 시스템이 정보에 입각한 결정을 내리고 복잡한 문제를 해결하며 새로운 상황에 적응할 수 있도록 한다. '구동력'은 물리적인 행동이나 움직임을 시작하고 제어하는 능력이다. 이는 에너지를 기계적 또는 물리적 작업으로 변환하는 능력이다. 생물학적 유기체에서 작동하는 힘은 근육과 운동 시스템에 의해 제공된다. 인공 시스템에서는 모터, 유압 시스템 또는 로봇 메커니즘과 같은 구동기를 통해 달성된다.

인간의 경우에 이 네 가지 요소는 모두 하나의 생물학적 단위 내에서 자연스럽게 통합되어 있다. 즉, 뇌는 추론과 감각 데이터를 처리하고 몸은 에너지와 구동력을 제공한다. 로봇 시스템에서는 이 네 가지 구성 요소를 서로 다른 장치로 분산하여 관리할 수 있다. 센서는 데이터를 수집하고, 중앙 서버 또는 클라우드 시스템은 추론을 처리하며, 로봇이나 드론과 같은 작동 장치는 처리된 데이터를 기반으로 작업을 수행한다. 예를 들어 로봇 화가는 사람처럼 그림을 그리는 휴머노이드 로봇 한 대가 아니라 스프레이 노즐이 장착된 여러 대의 드론이 모두 AI 시스템에 의해 관리되고 각자의 행동을 조율한다고 상상할 수 있다. 드론과 AI로 구성된 이 분산형 시스템은 인간을 닮지 않았지만 인간 화가가 하는 것과 동일한 작업을 수행할 수 있어 인간의 역할을 효과적으로 대체할 수 있다. 핵심은 형태가 아니라 기능이다. 로봇 시스템이 인간을 닮았는지 아닌지와 관계없이 인간의 작업을 대신할 수 있다는 것이 핵심이다.

슈퍼스타 시장의 성장

기술적 실업 주장에 찬성하는 셋째 근거는 소수의 경제 주체가 이익을 불균형적으로 많이 차지하는 시장인 '슈퍼스타 시장' 또는 '승자독식 시장'의 성장과 관련 있다. 슈퍼스타 시장이라는 개념은 경제학자 셔윈 로젠(Sherwin Rosen, 1938~2001)이 1981년에 발표한 "슈퍼스타의 경제학"이라는 논문에서 처음 공식화되었다. 기술적 실업의 가능성에 반대 주장을 하는 사람들이 내놓는 핵심 가정은, 기술이 새로운 종류의 일자리를 창출한다는 것이다. 그러나 새로운 일자리 창출 규모에 대해서는 회의적인 느낌이 든다. 일자리가 창출될 수는 있지만 자동화 기술로 인한 일자리 손실을 상쇄할 만큼 충분한

지는 의문스럽다. 이러한 의구심은 소수의 승자가 대부분의 경제적 이익을 가져가는 슈퍼스타 시장의 지배력이 커지면서 새로운 일자리 기회의 광범위한 분배가 제한될 수 있기 때문이다.

슈퍼스타 시장이 확대된 배경에는 주로 정보기술의 발전과 세계화 과정이 있다. 이러한 발전으로 인해 콘텐츠의 연결성과 배포가 향상되어 슈퍼스타 기업이 더 많은 고객에게 도달하고 전 세계적으로 인정받을 수 있게 되었다. 이러한 두 가지 현상은 물리적 및 디지털 상품과 서비스를 생산하고 유통하는 글로벌 시장을 창출했다. 이전에는 불가능했던 규모로 다양한 상품과 서비스의 생산과 유통이 촉진되었으며, 슈퍼스타 기업이 전 세계 고객에게 다가갈 수 있는 플랫폼을 제공함으로써 슈퍼스타 시장의 성장에 크게 기여했다.

오늘날의 글로벌 시장에서는 소수의 기업이 지배적인 위치를 차지하고 있다. 예를 들어 아마존, 알리바바, 구글, 페이스북, 애플은 각 분야에서 상당한 시장 영향력과 지배력을 가진 것으로 잘 알려져 있다. 이러한 슈퍼스타 기업은 반드시 과거의 전통적인 대기업만큼 많은 사람들을 고용하지는 않는다. 이는 부분적으로는 자동화, 기술, 효율성에 크게 의존하는 운영의 특성상 대규모 인력의 필요성이 줄어들었기 때문이기도 하다. 그리고 이러한 슈퍼스타 시장을 가능하게 하는 많은 기술 발전이 더해졌다. 여기에는 인터넷 보급률 증가, 상품과 서비스의 디지털화, 웨어러블/휴대용 컴퓨팅의 부상, 3D 프린팅 등이 포함된다. 이러한 기술 발전으로 개인과 소규모 기업은 초기 투자만 하면 매우 낮은 추가 비용으로 상품과 서비스를 생산할 수 있다. 이는 전통적인 비즈니스 모델을 파괴하고 진입 장벽을 낮출 수 있지만, 치열한 경쟁과 가격 전쟁으로 이어져 수익성에 영향을 미칠 수 있다.

슈퍼스타 기업의 지배력과 저비용 생산이 결합하면 슈퍼스타 기업은 노동력을 덜 필요로 하므로 일자리가 줄어들고 경쟁 압력과 진입 장벽 감소로 인해 수익이 감소하는 시나리오가 발생할 수 있다. 결국 더 낮은 가격과 더 다양한 상품과 서비스를 누릴 수 있는 소비자의 잠재적 혜택과 고용 시장의 역동성 변화로 인해 일자리 부족과 임금 정체에 직면할 수 있는 노동자에게 미치는 부정적인 영향이 극명하게 대조된다.

참고문헌

Kaplan, J.(2015). *Humans Need Not Apply*. New Haven, Yale University Press.

Pol, E. & Reveley, J.(2017). Robot induced technological change: Toward a youth-focused coping strategy. *Psychosociological Issues in Human Resource Management*, no. 5: pp.169-186.

Rosen, S.(1981). The economics of superstars. *American Economic Review*, no. 71.

World Economic Forum, Centre for the New Economy and Society.(2018). The Future of Jobs Report 2018, http://www3.weforum.org/docs/WEF_Future_of_Jobs_2018.pdf

07
일의 이중성

일의 자동화는 기술, 특히 인공지능과 로봇공학을 사용하여 기존에 사람이 수행하던 작업을 수행하는 것을 말한다. 이 과정은 수십 년 동안 계속됐지만, 최근 인공지능의 발전으로 그 속도가 빨라지고 범위가 확대되었다. 일의 자동화는 상당한 도전 과제를 제시하지만 혁신과 생산성 향상을 위한 기회도 제공한다. 여기서는 일의 자동화에 대한 기회와 도전을 비롯해, 일 자체에 대한 찬반론을 제시한다. 일이 부정적 측면과 긍정적 측면을 모두 갖는다는 의미의 일의 이중성을 논의한다.

일의 구조적 나쁨

일(work)의 자동화는 일어날 수 있고 동시에 바람직하기도 하다. 일의 자동화가 바람직하다는 것은 일 자체가 나쁘다는 것을 암시한다. 대부분의 사람들이 언제나 그렇게 인식하는 것은 아니지만, 일은 대개 사람들에게 나쁜 것이다. 우리는 일의 무대에서 인간 곁다리화를 촉진하기 위해 할 수 있는 것은 뭐든지 해야 한다. 우리는 기술적 실업을 두 팔 벌려 환영해야 한다.

일이 나쁘다는 것은 세 가지 요인 때문일 수 있다. 첫째는 내가 하는 특정한 일이 우연히도 건강을 해치고 급여가 낮으며 스트레스를 일으킨다는 것이다. 이런 경우에는 부정적인 특징을 개선하거나 제거하고 또는 다른 일을 찾으면 된다. 둘째는 모든 형태의 일이 필연적으로 나쁘다는 것이다. 이는 금전적 보수를 위해 일하는 것이 본래 부당하거나 자유를 훼손하기 때문이다. 셋째는 일이 이루어지는 사회적 또는 제도적 구조의 결과 때문에 일이 나쁘다는 것이다. 이를 일의 구조적 나쁨(structural badness of work)이라고 부른다.

지금부터는 일이 구조적으로 나쁜 이유를 제시할 것이다.

첫째 이유는 일이 자유를 침해하는 지배(domination)

의 뚜렷한 원인이라는 것이다. 미국의 정치철학자 엘리자베스 언더슨(Elizabeth Anderson, 1959~)은 2017년에 출간한 『민간 정부(Private Government)』에서 현대 노동자가 20세기의 공산주의 독재 체제하에 사는 것에 비유한다. 이런 독재 체제에는 온갖 불의와 폭정이 난무하고, 기본적인 윤리적 · 도덕적 토대가 부족하다. 이런 체제하에서는 개인의 행복과 권리가 보장되는 것이 아니라 권력자의 변덕에 따라 좌우된다. 처벌이나 불이익을 피하려고 권력자의 비위를 맞추려는 노력을 끊임없이 해야 한다. 이는 자유와 존엄의 환경이 아닌 공포와 복종의 환경을 조성한다. 이러한 지배의 환경에서는 불안정한 사회적 · 정치적 환경을 끊임없이 탐색해야 하는 정신적 부담이 매우 클 것이다. 이는 대부분의 개인의 전반적인 삶의 질에 부정적인 영향을 미친다.

지배는 자유와 대조된다. 자유는 보통 좋은 것으로 여겨진다. 현대 자유 민주주의 사회는 자유를 크게 강조한다. 자유 민주주의 사회의 법적 · 정치적 기구는 보통 개인의 자유에 대한 존중과 보호에 의해 좌우된다. 자유를 '불(不)간섭'으로 보는 학파와 '비(非)지배'로 보는 학파가 있다.

불(不)간섭 학파의 대표자로 토머스 홉스(Thomas

Hobbes, 1588~1679)와 존 로크(John Locke, 1632~1704)와 같은 자유주의 철학자를 들 수 있다. 이들에게 자유란 불(不)간섭이다. 다른 사람들의 간섭을 받지 않고 행동할 수 있다면 자유라고 명시할 수 있다. 간섭은 신체에 대한 직접적인 물리적 조작에서부터 강압적인 위협과 심리적인 조작에 이르기까지 형태가 여러 가지다. 비(非)지배 학파는 누군가가 다른 사람의 적극적인 간섭 없이 평생을 살 수 있는데도 자유롭지 않다고 느낄 수 있다고 주장한다. 아일랜드의 철학자이자 정치 이론가인 필립 페팃(Phillip Pettit, 1945~)은 비(非)지배 주장의 옹호자다. 모든 기업에서 노동자는 상관의 환심을 사고 상관이 결정한 한계 내에서 행동해야 한다. 다시 말해, 자유를 침해하는 지배 아래에서 산다.

둘째 이유는 직장 균열과 불안정한 노동 조건이다. 균열(fissuring)은 한때 단일 기업체 안에서 수행되었던 업무들이 여러 조직으로 나누어져 수행되는 것을 말한다. 예를 들어 자동차 제조가 주요 사업 활동인 대기업이 있다고 가정하자. 20세기 중반에 이런 회사는 주요 활동에 필수적인 모든 업무를 동일한 기업 산하에 수용했다. 여기에는 자동차 설계, 공장 기계 정비, 회사 IT 시스템 유지 보수, 급여 지급 및 회계 처리, 음식 준비 및 정원 관리, 운송 등이 있다. 그런데 21세기 초에는 균열된 기업 설계를 볼 수 있다. 자동차 제조사는 주변 지원 업무의 많은 부분을 각 전문 회사에 위탁한다. 불안정성(precarity)은 현대 경제에서 많은 노동자가 겪는 곤경을 가리킨다. 종신직이라는 개념은 끝났고, 노동자의 처지는 갈수록 불안정해졌다. 많은 노동자는 현재 임시적인 단기 계약을 맺고 있다. 그리고 스스로를 긱 경제(gig economy)의 일원인 자영업자로 분류한다.

균열과 불안정성은 관련이 있다. 즉, 균열은 불안정성을 촉진하는 경향이 있다. 이를 뒷받침하는 증거는 많다. 경제학자 데이비드 와일(David Weil, 1961~)은 2014년에 출간한 『균열 일터』에서 특히 하도급 및 프랜차이징의 상승과 기업 공급망 관리 방식의 변화에 초점을 맞춰 균열이 미국 노동 시장에 어떤 영향을 미쳤는지를 보여 주는 자세한 사례 연구를 제시한다. 기업 공급망 관리 방식에 결부시켜 볼 때, 가장 놀라운 한 가지 예는 애플과 같은 거대 기술 기업이 공급망을 관리하는 방식과 관련이 있다. 2014년을 기준으로 전 세계적으로 약 75만 명 이상의 노동자가 애플 공급망에 고용되었다. 하지만 직접 고용된 노동자는 약 6만 3000명에 불과했다. 이는 균열을 통해 가능하다. 관리자를 대상으로 한 조사에서는 하도급과 위탁이 증가하고 있는 것으로 나타났고, 미국과 경제협력개발기구(OECD)를 통틀어 노동자를 대상으로 한 조사에서는 1990년대 중반 이후 비정규직 노동자 수가 지속적으로 증가해 온 것으로 나타났다.

가장 눈에 띄는 균열과 불안정성의 징후는 플랫폼 노동(platform work)의 성장이다. 태스크래빗(Taskrabbit), 우버(Uber), 에어비앤비(AirBnB), 엣시(Etsy), 딜리버루(Deliveroo) 등의 기술 회사는 이제 인간 노동력의 구매자와 판매자를 연결하는 디지털 플랫폼을 제공하는 것을 전문으로 한다. 영국 노동경제학자 가이 스탠딩(Guy Standing, 1948~)의 용어를 사용하자면 이들은 디지털 노동 브로커(digital labor broker)다.

셋째 이유는 일의 보상인 소득이 분배되는 방식이 불공평하다는 것이다. 소득은 공평하게 공유되지 않는다. 소수의 개인 집단이 소득의 대부분을 가져가고 대다수는 희생된다. 이 주장은 제대로 해석할 필요가 있다. 물론 완벽한 임금 형평성이 이루어지는 세상을 기대할 수는 없다. 어느 정도의 임금 차이는 기술과 노력의 차이로 정당화될 수 있고, 혁신을 촉진하기 위해서는 어느 정도의 차별화가 바람직하다. 그런데 현재의 차별화는 이러한 측면에서 정당화될 수 없으며, 기술 변화로 인해 더욱 악화되고 있다.

넷째 이유는 일이 하루 24시간 내내 우리의 삶을 식민지처럼 장악한다는 것이다. 우리는 필요 이상으로 많은 시간을 일에 할애하고, 일하고 있지 않을 때도 일은 다른 모든 활동을 해석하고 평가하는 기준이 된다. 우리의 자유 시간이 실제로는 자유 시간이 아니라는 것이다. 우리는 일에서 회복하고 일을 준비하는 데 시간을 할애한다. 데이비드 프레인(David Frayne)이 2015년에 출간한 『일하지 않을 권리』에서 말하듯이, 진정한 여가란 경제적 요구에서 벗어나 세계와 문화를 위해 진정으로 자유로워지는 달콤한 '매개되지 않은 삶의 오아시스'다. 일에 대한 현대의 제도에서는 그와 같은 진정한 여가가 허용되지 않는다.

다섯째 이유는 대다수의 사람들이 일할 때 행복하지 않다는 것이다. 여론조사 업체인 갤럽(Gallup)은 매년 "글로벌 일터 상태" 조사를 하고 있다. 이 조사는 보통 150개국 이상의 국가에서 20만 명 이상의 응답자가 참여할 만큼 대규모로 이루어진다. 그리고 여러 가지 업무 관련 문제를 평가한다. 갤럽의 2013년 보고서에서 전 세계적으로 업무에 '열의'를 보이는 노동자는 13%에 불과하고 일을 회피하는 노동자는 24%를 넘는다는 조사 결과가 나오자, 이러한 조사 결과는 전 세계 미디어의 머리기사를 장식했다.

2017년 설문 조사를 다시 실시했을 때 갤럽은 전 세계 노동자의 15%가 업무에 열의를 보인다고 보고했다. 이는 2013년에 비해 소폭 상승한 것이었다. 이런 수치는 나라마다 그리고 회사마다 다르다. 예를 들어 갤럽은 최고 성과 기업에서 일하는 노동자 중 70%가 업무에 열의를 보인다고 위풍당당하게 말한다. 그런데도 전반적인 추세는 부정적이다. 업무 열의 비율이 40%를 넘는 나라는 없으며 일부 지역에서는 충격적일 정도로 낮다. 아시아에서는 6%, 서유럽에서는 10%의 노동자만이 업무에 열의를 보인다. 이는 노동력이 가장 높은 업무 열의를 보이는 것으로 평가되는 미국의 30% 이상과 비교된다.

일의 미덕

지금까지 일의 부정적인 측면을 강조했다. 하지만 일은 주요 소득원으로서, 사람들이 음식, 주택, 의료 서비스 등과 같은 필수적인 재화에 대한 비용을 지급할 수 있게 해 주므로 좋은 것이다. 이와 같은 일의 금전적 혜택 외에 일을 긍정적으로 만드는 다른 구조적 특성이 존재한다는 의견도 있다. 일은 사람들에게 삶의 의미와 목적의식을 제공한다. 또한 사회에 기여할 수 있고 개인적인 성취감이나 영감의 원천이 될 수도 있다. 그리고 일은 사람들이 기술적으로나 개인적으로 중요한 기술을 배우고 연마할 수 있는 중요한 통로며, 이를 통해 성장과 자기계발을 향상할 수 있다. 이러한 일의 비금전적 혜택을 '의미 관련 재화(meaning-related goods)'라고 부른다. 이러한 비금전적 혜택은 인간의 행복과 존엄성을 강조하는 다양한 윤리 체계에서 가치가 있다. 어떤 혜택은 주로 인간의 윤택함에 대한 덕윤리적 이론과 관련이 있고, 또 어떤 혜택은 자율성과 존엄성에 더 관련이 있다.

다양한 학자들이 사람들이 일을 통해 얻는 비금전적 혜택에 대해 비슷한 관점을 주장하며 일이 소득 이상의 의미를 제공한다는 생각을 뒷받침한다.

먼저, 도덕 철학자이자 정치 철학자인 앵카 게우스(Anca Gheaus)와 철학자이자 사회 과학자인 리자 헤어초크(Lisa Herzog)는 2016년에 발표한 논문에서 이와 같은 견해를 옹호한다. 이들은 보편적 기본 소득 같은 복지 제도를 통해 일의 금전적 혜택을 얻고, 소득원으로서만 일할 필요성을 줄일 수 있다는 것을 인정한다. 그래서 일에는 소득으로 환원할 수 없는 네 가지 의미 관련 재화가 있다고 주장한다.

첫째는 통달이다. 일은 개인에게 기술을 개발하고 완성할 수 있는, 즉 기술에 통달할 기회를 제공한다. 기술에 통달하기 위해 노력하는 과정에는 학습, 연습, 도전 극복이 포함되며, 이를 통해 사람들은 강한 성취감을 느낄 수 있다. 일은 개인의 성장, 전문성, 발전에 집중할 수 있는 구조화된 환경을 제공하므로 이러한 경험은 독특하고 보람 있는 일이다.

둘째는 사회적 기여다. 사람들은 일을 통해 자신이 속한 공동체와 사회 전반의 복지와 발전에 기여할 기회를 얻을 수 있다. 이러한 기여는 유용한 제품을 만들거나 필수 서비스를 제공하거나 다른 사람에게 도움이 되는 창의적이고 지적인 작업에 참여하는 등의 형태로 이루어진다. 일을 통해 자신보다 더 큰 무언가의 일부라고 느낄 수 있으며, 주변 세계에 긍정적인 영향을 미침으로써 목적의식을 갖게 된다.

셋째는 공동체다. 직장은 종종 여러 부류의 사람들과 의미 있는 관계를 형성하고 협업, 상호 지원, 정체성 공유를 촉진하는 곳이다. 직장은 사람들이 정기적으로 교류하고 우정을 쌓으며 공동의 목표를 향해 노력하는 공동체를 형성한다. 이러한 상호 작용은 전문적인 협업뿐만 아니라 소속감도 제공하여 개인의 행복과 웰빙에 크게 기여할 수 있다.

넷째는 사회적 인정이다. 일은 공동체 내에서 개인의 사회적 정체성과 지위를 형성하는 데 중요한 역할을 한다. 직장에서 수행하는 업무의 유형, 역할, 성과에 따라 사회적 지위가 결정된다. 직업적 성취를 통해 다른 사람들로부터 인정과 존경을 받는 것은 개인의 자존감을 높이는 데 기여한다. 이처럼 직장은 개인 생활과 사회 전반에서 사람들이 가치를 느끼는 데 필요한 인정과 검증을 제공할 수 있다.

다음으로, 안드레아 벨트먼(Andrea Veltman)은 2016년에 출간한 『뜻있는 일(Meaningful Work)』에서 일이 사람들이 창의성, 인내, 공감과 같은 인간의 필수 역량과 덕목을 개발할 수 있는 장이 될 수 있다고 제안한다. 이러한 특성은 윤택한 삶을 위해 필요하며, 덕윤리의 맥락에서 이는 인간으로서 자신의 잠재력을 최대한 발휘할 수 있는 방식으로 살아가는 것을 의미한다.

마지막으로, 질스 스미즈(Jilles Smids)와 동료들은 자동화가 업무에 미치는 영향을 구체적으로 다룬 2019년 논문에서 자동화가 증가하는 상황에서도 일과 연관되는 다섯 가지 의미 관련 재화가 있다고 주장한다. 첫째는 목적 추구다. 일은 사람들에게 삶의 방향과 의미를 제공하는 목표 또는 목적의식을 추구할 기회를 제공한다. 둘째는 사회적 관계다. 직장은 사람들이 관계를 구축하고 협업하며 공동체 의식과 유대감을 키우는 곳이다. 셋째는 기술 연습 및 자기계발이다. 일을 통해 사람들은 자신의 기술을 사용하고 개발하여 개인의 성장과 자기계발에 기여할 수 있다. 넷째는 자존감과 인정이다. 사람들은 일을 통해 이바지함으로써 다른 사람들로부터 인정과 존경을 받고 자존감을 높일 수 있다. 다섯째는 자율성이다. 사람들은 일을 통해 독립성과 자기 주도권을 확보하여 자기 일과 삶을 스스로 결정하고 통제할 수 있다.

하지만 일을 제거한다고 해서 이런 미덕을 더는 얻을 수 없는 것은 아니다. 이런 미덕은 직장 밖에서도 얻을 수 있다. 사람들은 취미와 소일거리로 기술 통달을 달성하고, 자원봉사와 자선을 통해 사회에 이바지하며, 그 과정에서 다른 사람들과 협력하고 공동체 의식을 형성할 수 있다. 이러한 다른 장(場)은 현재 우리 삶에서 일이 엄청나게 중요하기 때문에 접근성이 떨어질 뿐이다. 일이 특권 지위를 잃으면 이런 장들이 열릴 것으로 예상된다.

참고문헌

Anderson, E.(2017). *Private Government: How Employers Rule*

Our Lives (And Why We Don't Talk about It). Princeton, Princeton University Press.

Frayne, D.(2015). *The Refusal of Work*. ZED Books.

Gheaus, A and Herzog, L.(2016). The goods of work (other than money). *Journal of Social Philosophy*, no. 47, pp.70-89.

Smids, J., et al.(2019). Robots in the Workplace: A Threat to - or Opportunity for - Meaningful Work?, *Philosophy of Technology* 33, pp. 503-522.

Veltman, A.(2016), *Meaningful Work*. Oxford University Press.

Weil, D.(2014). *The Fissured Workplace: How Work Became So Bad for So Many and What Can Be Done about It*. Harvard University Press.

08
기술 비관론

자동화 기술이 윤택하고 뜻있는 인간의 삶에 미치는 영향을 비관하는 주장이 있다. 이는 기술 비관론(techno-pessimism)이라고 부른다. 자동화 기술이 사회와 개인, 환경에 미치는 부정적 영향과 잠재적 위험을 강조하는 철학적 · 문화적 관점이 기술 비관론이다. 이는 모든 기술 진보가 반드시 긍정적 결과로 이어진다는 가정에 의문을 제기하는 비판적 관점이다. 여기서는 기술 비관론에서 식별하는 자동화 기술의 다섯 가지 문제를 제시한다.

단절 문제

자동화 기술은 인간과 객관적 현실 세계 사이의 연결 고리를 끊는다는 단절(severance) 문제를 유발한다. 사람들은 풍요롭고 뜻있는 삶을 경험하기 위해 개인적으로나 더 넓은 맥락에서 자신의 활동과 그 결과 사이에 명확하고 영향력 있는 관계가 있어야 한다. 자신의 노력과 구체적인 결과 사이의 이러한 연결은 목적의식과 만족감을 위해 매우 중요하다. 그런데 자동화의 부상과 접근성은 인간의 활동과 그 결과 사이의 중요한 연결 고리를 끊는다. 자동화는 전통적으로 인간이 수행하던 업무를 대신함으로써 개인의 노력이 결과에 미치는 직접적인 영향을 감소시켜 주체성과 기여도를 약화한다. 이러한 단절의 결과로 인간은 목적과 성취감을 찾는 데 어려움을 겪을 수 있다.

여기서 말하는 '의미심장한 연결 고리'는 우리가 세계에서 무언가 성취한다는 것을 암시한다. 그웬 브래드퍼드(Gwen Bradford)는 2016년에 출간한 『성취(Achievement)』에서 성취감을 얻기 위해서는 세 가지 조건이 충족되어야 한다고 본다. 첫째 조건은 원하는 결과를 얻기 위해 취한 명확하고 의도적인 과정이나 조치가 있어야 한다는 것이다. 둘째 조건은 그 과정이 도전적이고 상당한 노력이 필요해야 한다는 것이다. 셋째 조건은 결과가 운이 아닌 개인의 기술, 역량, 노력에 의한 것이어야 한다는 것이다.

마라톤 완주는 이 세 가지 조건을 모두 충족시키므로 성취감을 줄 수 있다. 마라톤 완주에는 계획한 훈련과 달리기 과정이 포함된다. 마라톤 완주를 위해 필요한 훈련과 달리기는 수개월 간의 고된 노력이 수반되는 힘든 과정이다. 마라톤을 성공적으로 완주하는 것은 운의 문제가 아니라 기술, 지구력, 인내가 필요하다. 반면에, 복권 당첨은 성취가 아니다. 복권 구매는 어려운 과정이 아니므로 복권 당첨은 정당한 성취의 기준에 부합하지 않는다. 복권 당첨의 결과는 개인의 기술이나 노력이 아니라 전적으로 운에 달려 있다.

결국 여기서 말하는 '성취'는 의미심장한 연결 고리다. 자동화 기술의 발전으로 가장 위협받는 것은 바로 성취다. 왜 그럴까? 자동화 기술은 성취에 필요한 세 가지 조건 중 두 가지를 무너뜨리기 때문이다. 즉, 자동화 기술은 사람이 수행하던 작업을 대신하여 사람의 노력과 개입의 필요성을 줄여 준다. 그리고 자동화 기술은 결과를 달성하는 과정을 단순화하여 버튼을 누르거나 음성 명령을 내리는 등 노력이 거의 필요하지 않은 간단한 작업으로 축소한다. 또한 자동화 기술은 인간의 역량과 기술을 덜 필요하게 한다.

주목 문제

자동화 기술은 우리의 집중을 방해하고 우리의 주목을 조작한다는 주목(attention) 문제를 유발한다. 주의를 기울이는 것은 만족스럽고 뜻있는 삶을 위해 필수적이다. 중요하고 가치 있는 활동이나 생각에 오랫동안 집중할 수 있는 능력은 윤택하고 뜻있는 삶을 영위하는 데 있어 핵심 요소다. 그런데 자동화 기술은 장시간 집중력을 유지하는 능력에 부정적인 영향을 미친다. 자동화 기술은 또한 덜 중요하거나 산만한 활동으로 주의를 돌리게 할 수 있다. 따라서 자동화 기술은 주의를 집중하는 능력을 방해하므로 궁극적으로 성취감 있고 뜻있는 삶을 살 수 있는 우리의 잠재력을 감소시킨다.

주목의 중요성은 여러 분야에서 강조되었다. 예를 들어 고대 철학인 스토아학파(Stoicism)는 우리가 통제할 수 있는 것에 집중하고 통제할 수 없는 것은 무시하면 만족스럽고 평온한 삶, 즉 윤택함이라는 상태에 이를 수 있다고 믿었다. 그리고 더욱 최근에 위니프레드 갤러거(Winifred Gallagher)는 2009년에 출간한 『몰입, 생각의 재발견』에서 암 진단을 받은 후 자신이 병에 연연하지 않고 삶의 긍정적이고 의미 있는 측면으로 주의를 돌리는 것이 행복을 유지하는 데 필수적이라는 것을 깨달았다고 이야기한다.

지속적인 시간 동안 주목을 기울이는 능력은 오늘날의 급변하는 세상에서 스트레스와 불안을 관리하는 효과적인 방법으로 널리 권장되고 있는 불교의 마음챙김(mindfulness) 명상에서 핵심 개념이다. 마음챙김 명상을 꾸준히 실천하면 판단 없이 현재 순간에 집중하는 능력이 향상되어 산만함과 부정적인 생각을 줄이는 데 도움이 된다.

장시간 주목을 유지하는 과정은 새로운 기술을 배우고 목표를 달성하는 데 필요할 뿐만 아니라 즐거움과 성취감도 가져다 준다. 미하이 칙센트미하이(Mihaly Csikszentmihalyi, 1934~2021)는 1990년에 출간한 『몰입』에서 자신이 '흐름(flow, 몰입)'이라고 불렀던 이 느낌에 관한 연구를 통해 사람들이 온전히 집중하고 노력해야 하는 도전적인 과제에 완전히 몰입할 때 가장 행복하고 만족감을 느낀다고 한다.

그런데 현대 기술, 특히 스마트폰과 소셜 미디어 플랫폼과 같은 자동화 기술은 의미 있고 유익한 활동에 집중하는 우리의 능력에 부정적인 영향을 미친다. 이런 자동화 기술은 피상적이거나 덜 만족스러운 콘텐츠에 우리의 주목을 집중시키는 경우가 많다. 공공장소를 돌아다니면, 여러 소셜 미디어 앱을 계속 휙휙 넘기고 스마트폰 화면을 뚫어지게 보면서 걷는 사람들이 눈에 들어올 것이다.

이처럼 자동화 기술은 우리의 주목을 사로잡는다. 그런데 이 기술은 우리의 주목 능력에 파괴적인 부작용을 일으키는 방식으로 우리의 주목을 사로잡는다. 우선, 기술은 피상적이고 산발적인 방식으로 우리의 관심을 끌곤 한다. 예를 들어 소셜 미디어 피드는 끊임없이 쏟아지는 정보와 알림으로 인해 어느 한 가지에 집중하기 어렵게 만든다. 소셜 미디어는 끝없이 쏟아지는 콘텐츠와 업데이트가 우리의 주목을 끌기 위해 경쟁하므로 주의가 산만해지고 지속적인 집중력을 유지하기가 어렵다. 이런 디지털 기술의 시대에서는 현재를 살고, 자신이 하는 일에 몰두하고 행복해지는 것이 허용되지 않는다.

불투명성 문제

자동화 기술은 우리에게 무지의 베일을 덮어씌워서 자연과 사회를 불투명하게 만든다는 불투명성(opacity) 문제를 유발한다. 불투명한 세계가 어떤 모습인지 그려보려면 현대 과학의 통찰력이 부족하고, 자연 현상이 자연법칙이 아닌 신의 행동에 기인한다고 믿었던 고대 사회를 생각하면 된다. 고대 사회에서 사람들은 자신이 완전히 이해하지 못하는 사건을 설명하고 영향을 미치기 위해 기상천외한 의식과 제물에 의존했다.

우리가 사는 지금의 세상은 복잡하고 예측하기 어렵다. 세상은 신비롭고 겉으로 주술화된 것처럼 보이고 무지의 베일에 가려져 있는 듯하다. 그래서 어떤 일이 발생하지만 그 이유를 알 수 없을 때가 많다. 우리는 이런 복잡한 세상에 대해 어느 정도 힘을 갖고 싶어 한다. 즉, 우리가 하는 일과 우리에게 일어나는 일 사이에 상관관계를 파악하고 싶어 한다. 이런 상관관계를 파악하면 방향감과 목적의식이 생긴다. 그런데 자동화 기술은 우리가 사는 자연계와 사회계를 더욱 불투명하게 만든다.

지난 몇 세기 동안, 특히 과학 혁명이 시작된 이래로, 우리는 무지의 베일 속에서 빛의 틈을 열어 왔다. 우리의 세계를 더 많이 이해하게 된 것이다. 미국의 철학자 린다 자그제브스키(Linda Zagzebski, 1946~)는 '이해'가 세상의 '의식적 투명성'을 증가시키므로 가치 있다고 주장한다. 이해하게 되면 이전에는 불분명하거나 알 수 없었던 것들을 보고 파악할 수 있다. 이러한 명확성과 통찰력은 우리 삶에서 큰 만족감으로 이어진다. 이해가 내재적으로 가치 있는 우리의 머릿속 세상과 머리 밖 세상 사이에 연결을 만들어낸다는 의견도 있다. 즉, 주관적인 것과 객관적인 것 사이에 '심오한 미러링(deep mirroring)'이 만들어진다. 그리고 던컨 프리처드(Duncan Pritchard, 1974~)는 이해가 인지적 성취(cognitive achievement)라는 사실에 그 가치가 있다고 주장한다. 무언가를 이해하면 인지적 장애물이 극복되고 인지 능력이 입증된다는 것이다.

아이러니하게도, 우리를 무지에서 벗어나게 해 주었던 기술이 이제는 우리에게 무지의 베일을 덮어씌우고 있다. 이것이 자동화 기술의 불투명성 문제다. 왜 자동화 기술이 이해의 능력을 저해한다고 생각해야 하는가? 복잡성을 효율적으로 관리하기 위해 자동화 시스템이 도입되는 경우가 많다. 디지털 감시와 빅데이터 기술의 발전으로 방대하고 지속적으로 업데이트되는 데이터셋이 생성되었다. 이러한 기술의 한 가지 응용 분야는 실시간 교통 관리로서, 공무원들이 대도시의 교통 문제를 모니터링하고 해결하는 데 도움을 준다. 교통 관리 시스템은 데이터를 수집하는 광범위한 장치 네트워크에 의존한다. 이 데이터의 양과 복잡성은 관리자가 혼자서 처리하고 이해할 수 있는 역량을 넘어선다. 방대하고 복잡한 데이터셋을 처리하기 위해 이러한 시스템에서는 데이터 마이닝 알고리즘을 사용한다. 이러한 알고리즘은 데이터를 분석하고 구조화하여 인간이 이해할 수 있고 유용한 형식으로 제시한다.

이처럼 자동화 시스템이 복잡성을 관리하여 이해도를 높여 주는 것처럼 보일 수 있지만 실제로는 그렇지 않다. 데이터 마이닝 도구가 사용자에게 간단한 지침이나 권장 사항(가령, 교통 경로 재지정)은 제공하지만 이러한 권장 사항에 도달한 방법은 설명하지 않는다. 사용자는 근본적인 추론을 이해하지 못한 채 실행 가능한 조언을 받게 된다. 대부분의 사람들은 이러한 투명성 부족을 직접 경험한 적이 있을 것이다. 예를 들어 알고리즘은 제품이나 서비스를 추천하거나 특정 행동을 권장하면서 그 이유는 밝히지 않는다. 자동화 시스템은 복잡한 작업을 효과적으로 처리하고 실용적인 조언이나 지침은 제공하지만, 그 이유를 설명하지는 않으므로 사용자는 관련된 복잡성을 제대로 이해하지 못한 채 해당 정보를 받게 된다. 이러한 시스템은 불투명성의 장벽을 만들어 사용자가 추천이나 행동을 유도하는 복잡한 과정과 데이터를 보거나 이해하지 못하도록 막는다.

자율성 문제

자동화 기술은 개인이 자신의 길을 선택할 수 있는 자율성을 침해한다는 자율성(autonomy) 문제를 유발한다. 자율성이란 스스로 결정할 수 있는 능력과 자신의 가치와 욕구를 반영하는 선택을 할 수 있는 자유를 말한다. 자율성의 결여는 우리의 행동과 선택이 우리가 통제할 수 없는 외부의 힘으로 결정된다는 것을 암시하므로 허무주의로 이어질 수 있다.

왜 자동화 기술이 우리의 자율성을 침해한다고 생각해야 하는가? 이 문제에 답하기 전에 자율성의 개념부터 살펴보자. 법철학자 요세프 라즈(Joseph Raz, 1939~2022)는 1986년에 출간한 『자유의 도덕성(The Morality of Freedom)』에서 누군가가 자율적으로 자신만의 삶을 만들기 위해 충족해야 하는 세 가지 조건을 제시한다. 첫째는 합리적 사고력을 뜻하는 합리성(rationality)이다. 자율적인 삶을 통제하고 만들어 가려면 세밀하고 미묘한 계획을 세울 수 있는 합리적인 인지 능력이 필요하다. 둘째는 적절한 선택지를 뜻하는 선택성(optionality)이다. 자율적인 삶을 즐기기 위해서는 이러한 합리적 능력을 사용하여 어떤 삶을 살지를 선택해야 한다. 셋째는 독립적인 판단력을 뜻하는 독립성(independence)이다. 그러한 선택은 다른 사람들의 강요와 조작으로부터 자유로워야 한다.

자율성의 이 세 가지 기준에 비추어 자동화 기술이 어떻게 우리의 자율성을 침해하는지 논의해 보자.

자율성의 합리성 조건에 관해서 보자면, 자동화 기술은 시간이 지남에 따라 인간의 인지 능력을 저하해 잠재적으로 복잡한 의도를 계획하고 실행하는 합리적 사고 능력을 약화할 수 있다. 인간의 인지 활동은 비용이 많이 든다. 우리의 뇌는 매일 섭취하는 칼로리의 4분의 1이 넘는 엄청난 양의 에너지를 소비한다. 자동화의 시대에서 우리는 인지적 노동을 자동화 기술에 분산하고 위탁함으로써 그 비용을 최소화하려고 한다. 그 결과는 인간은 인지 활동을 하지 않게 되면서 자연스럽게 인지 능력이 약화되는 것이다.

자율성의 선택성 조건에 관해서 보자면, 자동화 기술이 사용되면 이용할 수 있는 선택의 범위가 제한된다. 스트리밍 서비스, 온라인 소매업체 또는 소셜 미디어 플랫폼에서 사용하는 AI 추천 시스템에 대한 한 가지 우려 사항은 선택의 폭이 제한적일 수 있다는 것이다. 이러한 옵

션은 우리 자신을 보는 방식이나 우리가 진정으로 선호하는 것과 잘 맞지 않을 수 있으며, 잠재적으로 우리의 진정한 관심사와 정체성을 탐색하고 표현하는 능력을 제한할 수 있다. AI 추천 시스템에서 제공하는 옵션은 이러한 시스템을 만들고 관리하는 기업의 목표와 이익에 우선순위를 둔다. 즉, 사용자에게 이익이 되는 것이 아니라 기업의 수익을 극대화하는 제품, 서비스 또는 콘텐츠를 추천한다는 것이다.

자율성의 독립성 조건에 관해서 보자면, 자동화 기술이 광범위하게 배치되면서 우리의 삶에서 조작, 강요, 지배에 대한 새로운 가능성이 생긴다. 자동화 기술은 특정한 가치와 믿음을 받아들이도록 우리를 세뇌하여 우리의 선택을 조작하고, 우리의 의지에 반하는 일을 하도록 강요하는 데 사용될 수 있다.

버밍엄대학교의 법학과 교수 캐런 영(Karen Yeung)은 최근 자동화 조작 문제와 관련해 AI 의사 결정 지원 시스템의 한 가지 특징이 하이퍼넛지(hypernudging) 능력이라고 주장했다. 행동경제학자 리처드 탈러(Richard Thaler, 1945~)와 법률가 캐스 선스타인(Cass Sunstein, 1954~)이 2009년에 출간한 『넛지』에서 처음 소개한 넛지(nudge)는 선택의 자유를 제한하지 않고 특정 방향으로 사람들의 행동에 영향을 미치는 것을 목표로 하는 미묘한 신호 또는 자극물이다. 하지만 하이퍼넛지는 단순히 도움이 되는 지침을 제공하는 것이 아니라, 침입적이거나 조작적인 것으로 인식되는 방식으로 넛지를 사용하는 것을 말한다. 그것은 지나치게 공격적이고 불합리하며 비윤리적인 방식으로 사람들을 특정한 선택으로 몰아가는 것이다.

행위성 문제

자동화 기술은 독립적으로 행동하고 결정을 내릴 수 있는 능력을 감소시킨다는 행위성(agency) 문제를 유발한다. 자동화 기술은 사람의 개입이나 의사 결정이 필요 없는 방식으로 작동하기 때문에 결과에 대한 통제력과 영향력을 약화한다. 결국 자동화 기술은 우리의 수동성을 전면에 내세우고 능동적 행위성을 무시하도록 부추기는 것이다.

도덕 철학자들은 도덕적 행위자(moral agent)와 도덕적 수동자(moral patient)를 구분한다. 도덕적 행위자는 독립적으로 행동하고 스스로 선택할 수 있는 사람이다. 이들은 목표를 설정하고, 목표를 달성하기 위한 계획을 세우며, 외부의 강요 없이 다양한 행동 중에서 선택할 수 있다. 도덕적 행위자는 앞서 말한 자율성을 가진 사람이다. 이에 반해, 도덕적 수동자는 도덕적 배려와 위험으로부터 보호받는 사람이다. 우리는 모두 이 세상에서 수동자가 아닌 행위성을 가진 행위자가 되고 싶을 것이다. 그런데 자동화 기술은 우리가 도덕적 행위자가 되지 못하게 막는다는 것이다.

앞서 보았듯이, 자동화 기술은 우리의 행동과 그 결과 사이의 연결 고리를 단절한다. 자동화 기술은 의미 있거나 개인적으로 중요한 작업에서 우리의 주의를 다른 곳으로 돌릴 수 있다. 자동화 기술은 시스템의 운영 논리를 불투명하게 만들거나 인간이 이해하기 어렵게 만들 수 있다. 자동화 기술은 우리의 선택과 행동에 미묘한 영향이나 제약을 가할 수 있으며, 잠재적으로 독립적인 결정을 내리거나 목표를 추구할 자유를 제한하면서 우리의 자율성을 살짝 밀어내거나 침해한다. 행위성의 문제는 이 네 가지 문제의 당연한 결과로 나온다. 즉, 자동화 기술은 우리의 행위성을 억누르도록 부추긴다.

참고문헌

Bradford, G.(2016). *Achievement*. Oxford University Press.

Cskikszentmihalyi, M.(1990). *Flow: The Psychology of Optimal*

Experience. Harper & Row.

Gallagher, W.(2009). *Rapt: Attention and the Focused Life.* Penguin Random House.

Pritchard, P.(2008). Knowing the answer, understanding and epistemic value. *Grazer Philosophische Studien,* no. 773: pp.325-339.

Thaler, R. & Sunstein, C.(2009). *Nudge: Improving Decisions about Health, Wealth and Happiness.* Penguin.

Yeung, K.(2017). 'Hypernudge': Big data as a mode of regulation by design. *Information, Communication and Society,* no. 20: pp. 118-136.

Zagzebski, L.(1996). *Virtues of the Mind.* Cambridge University Press.

09
포스트워크 유토피아의 기준

포스트워크 유토피아는 일의 자동화와 삶의 자동화 모두 바람직한 상태인 미래 세상을 말한다. 이 유토피아에서는 자동화, 인공지능 및 기타 기술의 발전으로 현재 인간이 수행하는 많은 일이 자동화된다. 그 결과 자유 시간이 많이 늘어나 사람들은 기존의 유급 업무 외에 다양한 활동에 참여할 수 있게 되어 궁극적으로 삶의 질과 개인적 성취감이 향상된다. 여기서는 포스트워크 유토피아의 특징 외에 그 제약 조건을 제시한다.

포스트워크 유토피아의 특징

2008년에 개봉한 〈월-E〉라는 애니메이션 영화가 있다. 이 영화에서 지구의 환경은 완전히 황폐해졌다. '월-E'라는 로봇은 산더미 같은 산업 폐기물을 뒤지며 하루하루를 보낸다. 지구에서 도망친 사람들은 거대한 우주선에 거주하면서 새로운 보금자리 행성을 찾아 우주를 돌아다닌다. 이 우주선에서 사람들은 첨단 기술의 도움으로 극단적인 사치를 누리며 산다. 이들은 손가락 하나 까딱할 필요가 없을 만큼 육체노동에 대한 필요성이 완전히 사라진 상태다. 수많은 로봇이 우주선의 운영과 유지보수를 담당하며 인간의 모든 필요와 욕구를 충족시켜준다. 이 사람들은 전동식 안락의자에 앉아 움직인다. 앉아서 생활하는 방식으로 인해 이 사람들은 엄청난 비만이 되었다. 그들은 건강에 해로운 정크 푸드와 게임을 끝없이 공급받는다. 그리고 이러한 삶에 만족하며 넋이 빠져 있고 고분고분하다. 이 영화는 완전히 자동화된 '포스트워크(post-work)' 미래의 풍경을 풍자적으로 보여준다.

이 영화는 인간이 기술과 자동화에 전적으로 의존하며 일하지 않고 앉아서 생활하는 미래를 묘사한다. 하지만 이런 미래는 '포스트워크 유토피아(post-work utopia)'라기보다는 '포스트워크 디스토피아(post-work dystopia)'처럼 보인다. 즉, 일하지 않아도 되는 완전한 자동화의 포스트워크 미래가 어떻게 우리의 최선이 아닌 최악을 가져올 수 있는지를 보여 준다. 우리가 진정으로 일의 세계에서 벗어나서 자동화 기술의 혜택을 온전히 누리려면 이 영화에서 묘사된 디스토피아적 상황을 피해야 한다.

자동화에는 두 가지 측면이 있다. 하나는 일의 자동화고, 다른 하나는 삶의 자동화다. '일의 자동화'는 바람직하다. 직장에서 자동화를 구현하는 것은 현재 기술이나 예측 가능한 미래 기술로 가능할 뿐만 아니라 잠재적인 이점 때문에 우리가 목표로 삼아야 한다. 일 자체는 대부분의 사람들에게 부정적인 영향을 미친다. 인간이 일하지 않아도 되게 만드는 과정을 가속화하여 자동화 기계와 시스템이 이러한 역할을 대신할 수 있다면 좋은 것이다.

이에 반해 '삶의 자동화'는 바람직하지 않다. 즉, 일의 세계에서 벗어난 일상생활에서의 자동화는 유익하지 않을 수 있다. 자동화는 일상생활에서 행복과 뜻있고 윤택한 인간의 삶에 잠재적으로 부정적인 영향을 미칠 수 있다. 식별된 잠재적 위협을 완화하기 위해 일상생활에서 자동화 기술의 사용을 책임감 있게 관리하고 규제해야 할 것이다.

포스트워크 유토피아는 일의 자동화가 바람직한 것은 물론이고, 그로 인한 일상생활의 자동화 역시 바람직한 세계를 말한다. 포스트워크 사회는 자동화 기술, AI 및 기타 기술의 발전으로 현재 인간이 수행하는 많은 일이 자동화되는 미래로 이어질 것이라는 믿음에 뿌리를 둔다. 이로써 잠재적으로 사람들은 기존의 유급 업무 외에 다른 활동을 추구할 수 있는 상당한 시간을 확보할 수 있게 된다.

포스트워크 유토피아에서는 일에 대한 부담이 인구 전체에 더 고르게 분산될 것이다. 여기에는 주당 근무 시간 단축, 일자리 공유 또는 기본 욕구와 필요를 충족하기에 '충분한 일'이라는 개념이 포함될 수 있다. 목표는 모든 사람이 뜻있고 보람 있는 활동을 할 수 있도록 충분한 여가를 확보하는 것이다.

포스트워크 유토피아에서 핵심 요소는 보편적 기본 소득이다. 보편적 기본 소득은 고용 상태와 관계없이 모든 시민에게 식량, 주거, 의료와 같은 기본적인 필요를 충족하기에 충분한 현금을 지급하는 재정 지원이다. 보편적 기본 소득은 소득과 노동을 분리하고 모든 시민에게 안전망을 제공하여 유급 노동 이외의 활동을 추구할 수 있도록 하는 수단이다. 기본 소득이 충분히 많으면 사람들이 일해야 한다는 압박감에서 벗어나 기술적 실업으로 인한 경제적 어려움과 스트레스를 줄일 수 있다. 소득은 목적의 수단일 뿐이므로 소득 상실로 인한 문제를 해결하는 또 다른 방법으로 의료, 식량, 주거와 같은 보편적 기본 서비스(universal basic service)를 강화하는 것이 있다. 포스트워크 사회에서는 보편적 기본 소득과 보편적 기본 서비스의 조합이 핵심이 될 것이다.

포스트워크 유토피아를 지지하는 사람들은 포용적이고 공평한 포스트워크 사회로의 전환이 필요하다고 강조한다. 여기에는 부와 소득 불평등 문제를 해결하고, 모든 사람이 개인적 · 사회적 발전을 위한 자원과 기회에 접근할 수 있도록 보장하며, 포스트워크 사회로의 전환으로 인해 부정적인 영향을 받을 수 있는 사람들을 지원하는 것이 포함된다. 이러한 포스트워크 사회에서는 가치와 목적을 정의하는 방식에 변화가 있을 것이다. 일을 가치 및 성공과 동일시하는 대신 개인의 성취감, 여가, 커뮤니티 참여에 더 중점을 둘 것이다. 이는 사회적 우선순위를 재평가하고 무엇이 뜻있는 삶을 구성하는지에 대한 사고로 이어질 수 있다.

참고로, 포스트워크와 비슷한 '안티워크(anti-work)'라는 개념이 있다. 안티워크 운동은 노력이나 사회 기여라는 의미에서의 일을 반대하는 것이 아니라, 그보다는 현재의 자본주의 노동 시스템과 노동이 조직되고 가치 평가되는 방식에 대한 비판에 집중한다. 안티워크 운동은 일의 본질이나 개인이나 사회에 가져다 주는 혜택과 관계없이 일 자체를 미화하고 도덕적 의무로 간주하는 자본주의적 노동 윤리를 비판한다. 즉, 포스트워크는 자동화 기술로 인해 노동이 크게 줄어들거나 변화하는 미래의 시나리오를 의미하지만, 안티워크는 현재의 자본주의 노동 시스템을 비판하고 여가와 개인의 자유를 중시하는 보다 포용적이고 평등한 사회를 옹호하는 운동이다. 따라서 여기서는 '안티워크 유토피아'가 아닌 '포스트워크 유토피아'를 논의의 중심에 둔다.

포스트워크 유토피아의 제약 조건

유토피아의 모습을 가장 잘 보여 주는 곳은 미국 캘리포니아주의 빅서(Big Sur)에 있는 온천 휴양지 에살렌(Esalen)이다. 이곳은 1950, 1960년대에 유명 작가들의 휴양지가 되었고, 소유주인 마이클 머피(Michael Murphy, 1938~)는 이곳을 '인간 잠재력 개발'의 중심지로 만들었다. 에살렌은 태평양을 내려다보는 뜨거운 욕조로 대표되는 값비싼 고급 리조트다. 이곳에서는 영성, 자기계발, 요가 수업 등 원하는 강좌를 수강해 들을 수 있다. 이곳에서는 아름다움과 즐거움이 언제든지 이용 가능하다.

'언제든지 이용 가능한 즐거움'이라는 생각은 처음에는 유혹적이지만, 많은 사람에게 반(反)유토피아라는 인상을 준다. 이 생각은 '유토피아'라는 말을 처음 사용한 토머스 모어(Thomas More, 1451~1530)의 작품 『유토피아』에서 찾을 수 있는 것과는 확실히 거리가 멀다. 이 작품에서 유토피아는 삶의 짐을 덜어주는 기술적 향상이 있는 사회이긴 하지만, 매우 체계적이고 통제되어 있으며, 반(半)봉건제와 유사한 명확한 구분과 분류가 존재한다. 이는 위계적이고 질서 정연한 사회 구조를 암시한다. 언제든지 이용 가능한 호화로움과 즐거움은 이 작품에서 말하는 유토피아의 특징이 아니다.

그렇다면 무엇이 포스트워크 유토피아의 긍정적인 특징일까? 영국의 역사가인 J. C. 데이비스(J. C. Davis, 1940~2021)는 1981년에 출간한 『유토피아와 이상 사회(Utopia and the Ideal Society)』에서 유토피아를 '사회-기술적 제도가 개선되어 신의 도움 없이 결함과 불완전함으로부터 인간을 구하도록 돕는 사회'로 정의한다. 그리고 철학자 크리스토퍼 요크(Christopher Yorke)는 유토피아를 '일단 도입되면 모든 사람의 권리를 존중하면서 영향을 받는 모든 당사자가 더 나아지고 더 나빠지지 않도록 할, 급진적인 사회-정치적 개선을 위한 미래 지향적인 계획'으로 정의한다.

유토피아에 대한 이러한 정의는 간결하면서도 포괄적이며, 몇 가지 핵심적인 측면을 다루고 있다. 첫째, 유토피아는 단순한 환상이 아니라 기술적으로 실현 가능해야 한다. 순전히 사색적이고 허황된 이상 사회는 유토피아가 아니라는 것이다. 둘째, 유토피아는 사회가 구조화되는 방식에 중대한 급진적인 변화가 필요하다. 모든 사람이 일요일에 공짜 아이스크림을 먹는 것과 같은 작은 개선만으로는 유토피아라고 할 수 없고, 현상 유지에서 과감하게 벗어나야 한다. 셋째, 유토피아를 만드는 데 다른 사람을 착취하거나 해를 끼쳐서는 안 되며, 모든 사람의 권리와 복지를 옹호하고 개선해야 한다.

이러한 포스트워크 유토피아의 특징 외에 추가적인 제약 조건도 있다.

첫째, 유토피아 사회를 달성하기 위해서는 폭력적인 수단에 의존하지 않아야 하고, 인권과 존엄성을 존중하는 긍정적인 유토피아를 위해 노력해야 한다. 이 제약 조건은 과학철학자 칼 포퍼(Karl Popper, 1902~1994)의 생각에 기반한다. 그는 모든 유토피아 운동이 폭력과 권위주의를 낳는 경향이 있다고 주장한다. 유토피아와 같은 정치적 이상을 실현하는 데 가장 도움이 되는 수단이 폭력이라는 것이 그의 생각이다. 하지만 이 제약 조건은 포스트워크 유토피아에는 적용되지 않는다. 포스트워크 유토피아는 폭력에 호소해서가 아니라 자동화 기술로 인해 우리의 삶이 자동화되어 있는 상태기 때문이다.

둘째, 포스트워크 유토피아는 안정성(안전과 질서 제공)과 역등성(성장, 혁신, 적응성 허용) 사이에서 균형을 유지해야 한다. 지나친 안정성은 정체를 초래하고, 지나친 역동성은 혼란을 야기할 수 있다. 갈등, 박탈, 고통의 감소 측면에서 안정성을 달성함과 동시에 혁신, 발견, 발달 측면에서는 역동성을 유지하는 것이 바람직하다. 이러한 유토피아는 안정적이고 이상적인 최종 상태라는 의미의 청사진이 아니어야 한다. 이러한 유토피아는 '지평선 유토피아'여야 한다. 지평선 유토피아는 인류의 열망과 욕망이 항상 진화한다는 생각에 중점을 두는 개념이다. 이는 이상적인 사회를 위한 단 하나의 완벽한 청사진은 없다는 생각에 기초한다. 대신 유토피아는 우리가 끊임없이 노력하지만 결코 완전히 달성하기 어려운 목표로 간주되며, 더 나은 미래를 구상하기 위한 역동적이고 진보적인 접근 방식을 장려한다.

셋째, 현재의 문화적 현실과 미래의 포스트워크 유토피아의 문화를 연결할 수 있는 방법을 찾아야 한다. 이는 현재 사회와 미래 사회 사이의 가치, 규범 및 행동의 차이를 이해하고 해결하여 새로운 삶의 방식을 원활하게 전환하고 수용하는 것을 의미한다. 우리가 현재 있는 곳과 미래의 포스트워크 유토피아 사이에 너무 먼 인식적 거리(epistemic distance)가 있다. 즉, 이 두 사회 사이에는 문화적 격차가 있다.

유토피아로 간주되려면 그 사회가 현재의 합리적 틀에서 이해할 수 있어야 한다. 하지만 이는 말처럼 쉽지는 않다. 이 문제는 첨단 기술을 기반으로 하는 이상적인 사회인 '테크노 유토피아(techno-utopia)'를 평가할 때 특히 어려운 문제다. 기술 발전의 추측적 특성으로 인해 그 실현 가능성과 합리성을 판단하기가 어렵기 때문이다. 미래의 기술 발전을 예측하는 것은 현실에 근거하지 않은 비현실적이거나 공상적인 시나리오로 이어질 수 있다. AI와 같은 특정 기술을 고려할 때 초지능(인간의 능력을 훨씬 능가하는 지능)을 달성하는 등 극단적인 수준으로 진화하는 것을 상상할 수 있다. 초지능 AI에 대한 이러한 상상력 넘치는 탐험은 처음에는 논리적이고 이해할 수 있는 것처럼 보인다. 그러나 이러한 발전이 다른 기술, 문화적 규범, 사회적 가치에 미치는 영향 등 광범위한 의미를 생각하기 시작하면 처음에는 논리적이고 이해할 수 있어 보였던 것이 금세 너무 복잡하고 추측적이어서 이성적으로 비교하기 힘들어질 수 있다.

그렇다고 해서 문화적 격차의 문제를 과장하거나 극복할 수 없는 장벽으로 간주해서는 안 된다. 문화적 격차는 존재하지만 처음에 보이는 것처럼 항상 문제가 되는 것은 아니다. 문화적 격차를 좁히려면 상당한 노력과 부지런함, 그리고 각 관점의 뉘앙스에 깊이 관여하려는 의지가 필요하다. 어려운 일이지만 불가능한 일은 아니다.

문화적 격차의 문제를 과장해서도 안 되지만 무시하거나 과소평가해서도 안 된다. 문화적 격차를 인식하고 민감하게 반응하는 것은 문제를 효과적으로 해결하고 해소하는 데 매우 중요하다. 포스트워크 유토피아를 구상할 때 상상력이 너무 과하게 발휘되면 지금의 현실과 관련 없는 생각으로 이어질 위험이 있다. 이런 유토피아에 대한 추구가 생산적이고 근거 있는 것으로 유지되도록 하려면 상상력을 절제하고 합리적인 추측의 범위 내에 머물러야 한다.

참고문헌

Davis, J. C.(1981). *Utopia and the Ideal Society: A Study of English Utopian Writing 1516–1700.* Cambridge University Press.

Yorke, K.(2016). Prospects for utopia in space. in *The Ethics of Space Exploration*, ed. J. Schwartz and T. Milligan, pp. 61-71. Dordrecht: Springer.

Yorke, K.(2017). Endless summer: What kinds of games will Suits's utopians play?" *Journal of the Philosophy of Sport*, no. 44, pp. 213-228.

10
포스트워크 유토피아에서 인간의 활동

포스트워크 유토피아는 인공지능과 자동화 기술의 발전, 경제 구조의 변화, 사회적 가치관의 변화로 인해 일을 전혀 하지 않아도 되는 우리의 미래 세계다. 이런 세계에서는 과연 우리는 어떤 활동을 하면서 삶을 보낼 수 있을까? 여기서는 공예, 게임, 글쓰기라는 세 가지 인간 활동을 제안한다.

포스트워크 유토피아의 모습

포스트워크 유토피아는 자동화 기술과 AI의 도움으로 그리고 경제 구조와 사회적 가치관의 변화가 수반되면서 우리가 일하지 않아도 되는 세계다. 이러한 포스트워크 유토피아는 지금과 같은 '실제 현실'과 과학 기술 및 AI의 발전으로 구축되는 디지털 형식의 '가상 현실'로 이루어진다. 그리고 가상의 디지털 현실은 우리가 개발한 기술을 활용하여 몰입감 있고 만족스러운 경험을 제공한다.

가상 현실은 첨단 기술의 산물로서, 세밀한 디지털 그래픽, VR 헤드셋, 몸동작을 추적하는 장비와 같은 첨단 기술 요소에 의존한다. 컴퓨터로 시뮬레이션된 세계는 물리적 실체가 없고 무형적이며 디지털 구성물로만 존재한다. 하지만 컴퓨터 시뮬레이션 환경에서 일어나는 많은 일은 실제 세계에서 일어나는 일과 마찬가지로 현실적일 수 있다. 가상 현실에서 우리는 다른 사람과 상호작용하고 관계를 구축하며 직접 만나는 것처럼 진정성 있게 소통할 수 있다. 가상 현실에 이루어지는 금융 거래에는 실제 화폐가 사용되므로 실제 재정 상황에 영향을 미칠 수 있다. 가상 현실에서 일어나는 사건은 실제 생활에 영향을 미칠 수 있다. 심리적 외상이나 가상 범죄와 같은 가상 현실에서 겪는 부정적인 경험은 실제 사건과 유사하게 개인에게 심각한 영향을 미칠 수 있다. 결국 가상 현실은 기술적 현상일 뿐만 아니라 우리 일상생활의 일부분이기도 하다.

인간이 더는 생존을 위해 일할 필요가 없는 미래 시나리오인 포스트워크 유토피아가 펼쳐질 때 우리는 어떤 활동을 하면서 생활할 수 있을까? 이 유토피아 세계에서 인간이 기본적인 필요를 충족하기 위해 일할 필요가 없는 것은 생존에 필요한 모든 것이 자동화되기 때문이다. 그래서 우리는 생존을 위한 활동이 아닌 다른 활동에 참여할 수 있다. 여기서는 공예, 게임, 글쓰기라는 세 가지 활동을 제안한다. 이런 활동은 주로 실제 현실에서 이루어지는 활동이다. 물론 포스트워크 유토피아 사회에서 게임은 실제 현실과 가상 현실 모두에서 할 수 있는 인간 활동이므로 그 다양성과 매력이 더욱 확장된다.

공예

공예(craft)는 일반적으로 손으로 무언가를 만드는 기술을 포함하는 활동을 말한다. 공예는 전통 예술에서부터 현대의 창작 과정에 이르기까지 광범위한 분야를 포괄한다. 공예의 특징은 수년간 특정 기술을 연마하고, 연마한 기술을 사용하여 뜻있는 무언가를 만들며, 그 과정과 활동에 완전히 몰입한다는 것이다. 예를 들어 숙련된 대장장이나 가구장이는 오랜 세월 동안 자신의 공예 기술의 특정 요구 사항과 과제에 매우 민감하게 반응하고 대응하는 데 많은 시간을 바친다. 이러한 장인(匠人)은 금속이나 목재와 같은 재료의 특성을 잘 이해하고, 이런 재료를 다루는 정확하고 숙련된 움직임을 발휘한다. 장인은 재료를 다루고 만지는 동안 개인적 욕망을 초월하는 아름다움, 우아함, 기술과 같은 더 높은 이상에 이끌려 그 활동에 완전히 몰입하게 된다.

사회학자 리처드 세넷(Richard Sennett, 1943~)은 2008년에 출간한 『장인』에서 경제(자본주의)와 정부(공산주의)의 외부 압력이 장인 정신에 부정적인 영향을 미치는 것에 유감을 표명한다. 자본주의에서는 경쟁과 이윤 추구가 장인 정신의 질보다 속도와 양이 우선시되는 대량 생산으로 이어질 수 있다. 반대로 공산주의는 순응과 평등에 초점을 맞추므로 우수성에 대한 인센티브가 부족하여 평범함과 심지어 무능함까지 초래할 수 있다. 두 경우 모두 진정한 장인 정신을 추구하는 데 어려움을 겪는다. 이러한 외부의 힘은 장인 정신에 필수적인 숙련된 작업에 대한 깊고 집중적인 몰입을 방해한다.

리처드 세넷은 장인 정신의 가치가 단순한 문화적 · 사회적 구성물이 아니라 우리의 생물학과 역사에 깊이 내재되어 있다고 믿는다. 인간은 본질적으로 신체적 · 인지적 생명체로서 정신적 · 육체적 활동을 통해 배우고 성장하며 세상과 상호 작용하는 신체화된 존재다. 장인은 자신의 공예가 완전히 발달한 후 특정 분야나 직업 내에서 재료 및 도구와 신체적으로 상호 작용하는 기술을 완성한 사람이다. 세넷은 장인 정신에 대한 서양의 인식이 고대 그리스 장인의 신 헤파이스토스에 대한 호메로스의 찬가로 거슬러 올라간다고 말한다. 이 찬가에서 장인 정신은 평화를 가져오고 문명의 발전을 이끄는 힘으로 묘사된다. 이는 장인의 기술과 헌신이 조화로운 선진 사회의 발전에 필수적인 것으로 여겨졌음을 암시한다.

게다가 장인의 기술 개발은 한계가 정해져 있는 것이 아니고 지루함을 유발하지도 않는다. 포스트워크 유토피아에서 가장 큰 적은 '지루함'일 것이다. 이런 지루함이 공예에서는 발생하지 않는다. 반복과 연습은 이전에 인정받지 못했던 기술의 더 큰 깊이를 드러낸다. 리처드 세넷은 이렇게 말한다. "기술이 확장됨에 따라 반복을 지속할 수 있는 능력이 향상된다. 위대한 바이올린 연주자는 연주 기법이 좋아질수록 같은 연주를 지루해하지 않고 오래 할 수 있다고 밝힌다. 실력이 늘수록 반복을 견디는 능력 또한 커진다는 것이다."

공예의 중요성을 옹호하는 사상가가 리처드 세넷뿐만은 아니다. 철학자 휴버트 드레이퍼스(Hubert Dreyfus, 1929~2017)와 숀 도런스 켈리(Sean Dorrance Kelly, 1950~)는 현대 사회가 세속화(종교적 신념의 쇠퇴)와 기계화(기계와 기술의 부상)에서 비롯된 일종의 허무주의, 즉 의미 상실을 경험하고 있다고 주장한다. 이들은 공예와 장인 정신이라는 개념이 냉소적이고 매혹을 잃은 이 시대에 목적의식을 회복하고 개인의 번영을 이끌 수 있다고 생각한다. 실제로 그들은 신체적 · 지적 기술의 숙달을 포함하는 것으로 폭넓게 이해되는 공예가 비(非)종교적 맥락에서도 종교나 영성이 제공하는 것과 유사한 의미와 목적을 제공할 수 있다고 믿는다.

공예의 삶은 인간의 윤택함과 뜻있음을 지속할 수 있는 삶이다. 공예의 개념은 새로운 것이 아니라 역사적으로 존중되고 소중히 여겨져 왔다. 많은 문화와 사회에서 개인과 사회를 풍요롭게 하는 원천으로서 공예를 습득하는 것의 중요성을 인식했다. 이러한 공예의 성격은 포스트워크 유토피아에서 추구할 수 있는 또 다른 활동인 게임으로까지 확대된다. 즉, 게임의 삶은 장인 정신이

가 닿을 수 있는 궁극적인 삶이 될 수 있다. 전통적인 공예가 수년간의 연마가 필요한 것과 마찬가지로 게임에도 기술, 연습, 헌신이 필요하다.

게임

포스트워크 유토피아는 일반적으로 삶에서 어려움과 부족함, 의무가 제거되어 고난이 없는 완벽한 삶을 제공하는 이상적인 사회로 그려진다. 버나드 슈츠(Bernard Suits, 1925~2007)는 1978년에 출간한 『메뚜기(The Grasshopper)』에서 기술이 풍요로운 환경을 조성하여 투쟁이 필요 없는 포스트워크 유토피아 사회에서 사람들이 무엇을 할 것인지에 대해 생각해 본다. 그는 더는 일이나 생존에 필요한 것이 특별히 없는 세상에서 인간은 어떻게 시간을 보낼 것인가라는 질문을 던진다. 사람들이 게임을 주요 활동으로 삼는다는 것이 그 답이다. 게임은 인간의 삶과 문화의 궁극적인 표현으로 간주된다. 역사적으로 볼 때, 기술과 문화의 발전은 여가와 놀이가 우리 존재의 중심이 되는 상태로 우리를 이끌어 왔다. 인류 역사의 전반적인 방향과 발전은 게임이 포스트워크 유토피아 사회의 핵심 요소가 되는 미래로 이어질 것이다.

왜 포스트워크 유토피아에서 게임이 우리가 할 수 있는 한 가지 활동이라는 버나드 슈츠의 의견을 받아들여야 하는가? 게임을 하는 세상이 윤택하고 삶의 의미를 찾을 수 있는 세상이라고 생각하는 세 가지 이유가 있다.

첫째, 게임은 인간이 자율성과 선택 능력을 키우고 이를 발휘할 수 있는 공간이 된다. 그리고 비판적 사고, 전략적 계획, 의사 결정이 있어야 하는 시나리오를 제공한다. 게임에 참여하면 용기, 친절, 정의감 같은 윤리적 자질을 기르는 데 도움이 되고, 게임을 통해 독창성과 창의적인 문제 해결 능력을 발휘할 수 있다.

둘째, 게임은 포스트워크 유토피아의 중요한 목표인 사회의 성장과 진화에서 안정성(일관된 질서)과 역동성(변화와 발전의 역량)을 조화시키는 데 도움이 된다. 미래 사회에 엄격하고 융통성 없는 계획이나 규칙을 강요하는 것은 불행과 갈등을 초래할 수 있다. 고정된 계획 대신 미래 사회에 열망할 수 있는 목표와 개방형 프로젝트를 제시하여 발전과 진보를 유도해야 한다. 언뜻 보면 게임은 이러한 균형과 열망을 제공하지 않는 것처럼 보인다. 하지만 포스트워크 유토피아에서 우리가 하는 게임은 엄격한 규칙이나 결말에 얽매이지 않고 유연하며 지속적인 창의성과 진화를 허용한다. 게임 유토피아에서는 무한한 참여와 성장을 위한 폭넓은 기회를 제공하는 다양한 게임이 등장할 것이다. 다양한 게임은 예상치 못한 다양한 방식으로 우리의 기술과 능력에 도전하고 향상할 것이다. 방대한 게임은 새로운 물리적 개척지와 마찬가지로 탐험과 성장을 위한 새로운 영역을 나타낸다.

셋째, 게임은 제대로 설계되면 가장 완벽하고 이상적인 형태로 뜻있음과 개인적 윤택함이라는 삶의 두 가지 중요한 측면을 성취하는 데 도움이 된다. 이는 철학자 토머스 허카(Thomas Hurka, 1952~)가 제기한 주장이다. 그는 수단-목적 추론의 개념과 성취의 본질을 자세히 살펴볼 것을 권장한다. 수단-목적 추론은 특정 목표를 실현하기 위한 가장 적절한 행동 방침을 찾는 것이다. 목표를 달성하기 위한 올바른 단계를 결정하고 그 단계를 수행하면 목표에 도달하게 된다. 이러한 단계를 파악하고 실행하는 것이 어려울수록 더 큰 성취를 얻을 수 있다. 좋은 게임은 행동(수단)과 목표(목적) 사이에 복잡하고 도전적인 관계를 갖도록 설계된다. 게임의 목표에 성공적으로 도달하면 게임의 난관을 극복했다는 점에서 강한 성취감을 느낄 수 있다. 허카는 이러한 성취감이 삶을 가치 있게 만드는 중요한 요소라고 주장한다.

글쓰기

글쓰기는 마법의 행위다. 글쓰기에는 변형적이고 거의 초자연에 가까운 특성이 있다. 글쓰기는 우리 머릿속에 있는 생각을 표현하는 것이라고 흔히들 말한다. 글쓰기를 통해 구체화되기 전의 날것 그대로의 정제되지 않은 '생각'이란 무엇일까? 그것은 무질서한 파편, 모호한 기억, 감정이다. 때로는 글을 써야겠다는 강렬하고 정의되지 않은 충동일 수도 있다. 우리는 글쓰기라는 행위가 형태가 없는 초기 생각에 명확성과 형태를 부여할 것이라는 믿음으로 희망과 기대를 하고 글을 쓰기 시작한다. 머릿속에 문장, 단락, 심지어 페이지 전체를 하나로 엮어내고, 그런 다음 앉아서 한 줄 한 줄 명쾌한 생각을 유려하게 쏟아내는 능력을 갖춘 작가도 있을 수 있다. 평범한 사람들에게도 적절한 생각이 떠오르고 그 생각을 온전하게 적을 수 있을 때도 있다. 하지만 그러한 순간은 드물다.

글쓰기는 무용에 비유할 수 있는 신체적 활동이다. 글쓰기는 무용과 비슷하고 작가는 무용수를 닮았다. 뿐만 아니라 어떤 면에서 글쓰기와 무용은 단순히 같은 표현 예술의 다른 버전처럼 보인다. 작가와 무용수 모두 신체적·창의적 참여를 통해 감정, 생각, 이야기를 전달하기 위해 각자의 매체를 사용한다. 종이 위에 연필이 움직이기 전에는 이야기는 활동력이 없고 가능성으로 흥얼거리지만 움직임이 없는 비활성 상태다. 그리고 무용수가 무대 뒤에서 순서를 기다리면서 팔다리와 몸통, 머리와 발의 움직임을 통해 이야기에 생명을 불어넣을 준비를 하듯이, 작가는 연필의 움직임을 이용하여 무에서 생명을 선명하게 그려낸다. 즉, 신체화된 움직임을 통해 느낌과 생각이 존재하게 한다.

이는 다소 시적인 비유일 수도 있다. 결국, 글쓰기와 무용은 모두 몇 시간, 며칠, 몇 년의 준비와 리허설, 초안 작성, 그리고 실패가 수반된다. 그리고 솔직히 글을 쓰는 과정은 대개 단조롭고 지루하고 답답하고 시간을 잡아먹고 다소 실망스러운 때도 있다. 실패도 창작 과정의 일부로 기꺼이 받아들이고, 매번의 실패가 개선으로 이어질 수 있다고 생각해야 한다.

글쓰기와 창의성은 해석의 여지가 있는 수수께끼 같은 존재다. 하지만 한 가지 확실한 것은 글쓰기와 창의성을 실현하려면 신체적 행위가 필수라는 것이다. 애쓰면서 독후감을 쓰고 있는 학생이든 유명 작가든, 글을 쓰는 사람은 허공에서 추상적인 생각을 떠올려 종이 위에 옮겨야 한다. 글쓰기는 신체화된 과정으로서, 감각 입력,

지각, 사고, 그리고 미세 운동(가령, 펜으로 글씨 쓰기)과 대근육 운동(가령, 앉기, 자세) 사이의 조율이 필요하다. 어떤 사람에게는 엄청난 양의 커피와 술이 필요할 수도 있다.

인터넷이 생기기 전, 종이와 펜과 연필이라는 아날로그 형태의 글쓰기는 순수한 뇌 활동이라기보다는 요리사가 바쁜 레스토랑 주방에서 음식을 준비하는 것처럼 육체적으로 힘들고 빠르게 진행되는 주방 일처럼 느껴질 수 있다. 빵을 만드는 것이 간단하고 기본적인 요리법이지만 기본 재료를 그 이상의 것으로 변화시키는 '발효'라는 놀라운 연금술의 마법이 깃들어 있는 것처럼, 글쓰기는 종이에 단어를 적는 매우 간단한 일처럼 보이지만 여기에는 변형적 요소가 있다.

학교 수업 중에 손으로 필기할 때는 말하는 속도만큼 모든 말을 빠르고 정확하게 적을 수 없으므로 손 필기는 변형할 수밖에 없다. 이런 점에서 필기는 연금술과 닮았다. 노트 필기는 단순히 정보를 기록하는 수동적인 행위가 아니라 능동적인 편집 과정을 수반한다. 필기하는 사람은 어떤 정보가 중요하고 어떻게 표현할지 결정한다는 점에서 친절한 편집자와 비슷한 역할을 하면서, 정보를 해석하고 표현을 바꾸어 그 의미를 약간 변경할 수도 있다. 필기할 때는 단순히 말하는 내용을 그대로 베끼는 것이 아니라, 자신만의 버전의 사건이나 정보를 만든다. 내러티브를 통제하고, 무엇을 포함하거나 제외할지, 어떻게 구성할지 결정하며, 본질적으로 자신이 보는 대로 이야기를 다시 쓴다. 그렇게 함으로써 정보에 대한 소유권을 갖게 되고, 자신의 의지에 따라 이야기와 사실을 형성하고 조절할 수 있는 권한을 갖게 된다.

상당한 시간이 지난 후 오래된 노트를 다시 살펴보는 것은 노트에 기록된 과거의 사건과 생각을 되돌아볼 수 있으므로 신비롭고 흥미로운 경험일 것이다. 우리가 남긴 노트는 특정 시점의 생각과 인식을 물리적으로 표현한 것이다. 손글씨와 스타일은 내용뿐 아니라 글을 쓸 당시의 마음가짐과 감정의 본질까지 포착한다.

이에 반해 디지털 필기는 손으로 쓴 노트와 같은 향수나 개인적인 성찰을 불러일으키지 못한다. 손으로 필기하는 행위는 학습 경험을 공고히 하고 신체화하는 방법이다. 이러한 신체적 과정은 자신을 성찰하고 이해하는 데 도움이 되며, 학습을 더욱더 실체적이고 개인적인 것으로 만든다. 시간의 흐름과 개인의 존재를 기록하는 방법으로 신체적 노트 필기만큼 중요한 것이 있을까? 손글씨 노트는 우리의 경험과 노력을 가시적으로 기록하여 시간이 지남에 따라 우리의 존재와 활동에 대한 물리적 표식 역할을 한다. 이러한 물리적 각인은 우리가 그 순간에 존재했고 그 순간에 참여했음을 의미한다.

인류의 역사가 시작되면서부터 사람들은 동굴 벽과 같은 표면에 그림을 그리고 글을 써서 보고 느낀 것을 기록해 왔다. 이러한 초기 형태의 기록은 자연 현상과 인간의 경험을 추적하는 데 사용되었다. 디지털 기술을 옹호하는 사람들은 정보와 경험을 기록하는 전통이 디지털 영역에서도 지속된다고 주장한다. 이들은 매일 인터넷에 업로드되는 많은 양의 데이터를 강조하며 디지털 매체가 기록의 주요 수단으로 자리 잡았다고 말한다. 매일 엄청난 양의 정보가 온라인에 업로드되는 것은 사실이지만, 손으로 쓴 메모나 그림과 같은 물리적 기록은 디지털 기록과 근본적으로 다르다. 물리적 기록은 개인의 경험과 생각을 가시적으로 변환한 것이라는 의미에서 '내러티브 자아'를 구현한다. 경험을 종이 위에 옮기는 이 과정을 통해 우리는 수동적인 사건의 기록자가 아닌 그 이상의 존재가 되어 그 사건을 능동적으로 해석하고 신체화한다.

지금까지 공예, 게임, 글쓰기가 한때 일이 차지했던 자리를 차지하도록 사회를 재구성하면 윤택한 포스트워크 존재가 가능하다고 주장했다. 하지만 이처럼 윤택한 포스트워크 유토피아 사회는 하루아침에 이룰 수 있는 것은 아니다. 이런 사회를 실현하기 위해서는 일과 그 중요성에 대한 문화적 가치와 사회적 신념에 근본적인 변화가 있어야 한다. 그리고 이러한 변화는 명확하게 설명하고 옹호하며 의도적인 노력을 통해 실천에 옮겨야 한다. 윤택한 포스트워크 유토피아를 실현할 수 있을지는 미지수지만 추구할 만한 가치가 있는 가능성임은 분명하다.

참고문헌

Danaher, J.(2019). *Automation and Utopia: Human Flourishing in a World without Work*. Harvard University Press.

Lanier, J.(2017). *Dawn of the New Everything: Encounters with Reality and Virtual Reality*. Henry Holt and Co.

Sennett, R.(2008). *The Craftsman*. Penguin.

Shonstrom, E.(2020). *The Wisdom of the Body: What Embodied Cognition Can Teach us about Learning, Human Development, and Ourselves*. Rowman & Littlefield.

Stephenson, L.(1993). *Snow Crash*. Roc.

Suits, B.(1978[2005]). *The Grasshopper: Games, Life and Utopia*. Broadview Press.

김동환

해군사관학교 영어과 정교수다. 경북대학교에서 박사 학위를 받았다. 인문학과 인지과학을 아우르는 융합 학문의 시각으로 오늘날의 복잡다단한 사회 현상을 이해하고 분석하기 위해 연구 중이다. 주요 저서로 『개념적 혼성 이론』(2002)(학술원 우수학술도서), 『인지언어학과 의미』(2005)(문화관광부 우수도서), 『인지언어학과 개념적 혼성 이론』(2013), 『환유와 인지』(2019)(세종도서 학술부문 선정), 『생태인문학을 향한 발걸음』(2024)(세종도서 학술부문 선정), 『인지인문학을 향하여』(2024), 『인공지능, 트랜스휴먼, 사이보그』(2024)가 있다. 주요 번역서로 『인지언어학 개론』(1998)(문화관광부 우수도서), 『우리는 어떻게 생각하는가』(2009)(학술원 우수학술도서), 『몸의 의미』(2012), 『과학과 인문학』(2015), 『비판적 담화분석과 인지과학』(2017), 『애쓰지 않기 위해 노력하기』(2018)(세종도서 교양부문 선정), 『생각의 기원』(2019), 『창의성과 인공지능』(2020), 『애니메이션, 신체화, 디지털 미디어의 융합』(2020)(세종도서 학술부문 선정), 『은유 백과사전』(2020)(세종도서 학술부문 선정), 『고대 중국의 마음과 몸』(2020), 『뉴 로맨틱 사이보그』(2022), 『취함의 미학』(2022), 『아티스트 인 머신』(2022), 『휴먼 알고리즘』(2022), 『트랜스휴머니즘의 역사와 철학』(2023), 『생각을 기계가 하면, 인간은 무엇을 하나?』(2023), 『그린 리바이어던』(2023), 『몸의 지혜』(2024) 등이 있다.